Kriminalfälle aus der Reichsstadt Frankfurt

Kriminalfälle aus der Reichsstadt Frankfurt

Von

DR. JUR. KARL-ERNST MEINHARDT

Verlag Waldemar Kramer in Frankfurt am Main

Zweite Auflage 1984.
ISBN 3-7829-0019-7.
Umschlag: Hinrichtung in Frankfurt am Main im Jahre 1615 (zu Seite 33 ff.), kolorierter Holzschnitt aus dem Historischen Museum Frankfurt am Main.
Druck von W. Kramer & Co. Druckerei-GmbH., Frankfurt am Main.

Inhalt

Vorwort 7
Der fahrende Schüler (1570) 9
Der Raubmörder Dossenheimer (1584-1585) 15
Freitag der Dreizehnte (1590) 20
Die Deutschen Herren (1593) 25
Hinter Schloß und Riegel (1606-1608) 29
Meisterdiebs letztes Abenteuer (1615) 33
Der Ritter (1617-1618) 38
Das Recht des Stärkeren (1625) 46
Der Hidalgo und die Mainschiffer (1626) 51
Das Doppelleben des Barthel Grünich (1635-1637) 56
Hexenspuk (1670-1671) 72
Die Brandzeichen (1673-1674) 78
Heinrich Frank der Psychopath (1674-1675) 85
Falschmünzer (1676) 90
Erfolgreicher Protest (1680) 97
Das alte Lied (1705-1706) 100
Der Zuckerbäcker und die Weltpolitik (1701-1716) 106
Der Sohn des Scharfrichters und die Ärzte (1766-1769) 111
Die Frankfurter Gretchen-Tragödie (1771-1772) .. 126
Nachwort 145
Quellen- und Literaturverzeichnis 158

Vorwort

Unter der Sammelbezeichnung „Criminalia“ liegt in einem Bunker des Frankfurter Stadtarchivs in Heddernheim ein viele Regale füllendes Aktenmaterial: gebündelte Schicksale aus alten Zeiten, Akten über Schuld und Verbrechen, Verstrickung und Sühne, Recht und Unrecht. Vor einigen Jahren habe ich im Zusammenhang mit einer Arbeit über die Strafpraxis der Reichsstadt Frankfurt im 16. und 17. Jahrhundert dieses trotz mancher Verluste immer noch sehr umfangreiche Aktenmaterial des Frankfurter Stadtarchivs kennengelernt. Hunderte von Kriminalfällen habe ich durchgesehen. Einige dieser Fälle erschienen mir so dramatisch, tragisch oder kulturgeschichtlich interessant, daß sie allgemeinere Aufmerksamkeit beanspruchen können.

Ich bin mir dabei bewußt, daß bei der Schilderung dieser Fälle mitunter Fragen offen bleiben, daß bei einer Ausschmückung die Geschehnisse farbiger und dramatischer erschienen wären. Meines Erachtens aber liegt der höhere Wert und auch der größere Reiz bei Schilderungen dieser Art in ihrer Zuverlässigkeit und belegbaren Echtheit. So enthält dieses Buch nur Fälle und Tatsachen, die sich wirklich ereignet haben und wie sie aus den vorhandenen Quellen, insbesondere den alten Strafakten, rekonstruierbar sind. Dies gilt auch für kleinere Einzelheiten. Hin und wieder werden auch Angaben aus den Akten, besonders Aussagen, wörtlich zitiert. Hierbei habe ich mir die Freiheit genommen, solche Stellen unserem Sprachgebrauch einigermaßen anzupassen, ohne jedoch dabei den Wortsinn zu verändern.

Die in diesem Buch geschilderten Fälle sind mit zwei Ausnahmen unmittelbar nach den Quellen dargestellt. Zwei dieser Kriminalgeschichten beruhen auf der Darstellung, die G. L. Kriegk in seinem Buch „Deutsche Kulturbilder aus dem 18. Jahrhundert" gibt. Da dieses im Jahre 1874 erschienene Werk aber wohl nur noch in ganz wenigen Exemplaren vorhanden ist, erschien es mir gerechtfertigt, diese interessanten Fälle erneut zu schildern. Über die Quellen zu jedem einzelnen Kapitel gibt ein Verzeichnis am Schlusse dieses Buches Auskunft. Ebenso findet der rechtsgeschichtlich besonders interessierte Leser im Nachwort noch einige Hinweise, die zu einem tieferen Verständnis der geschilderten Fälle dienen sollen.

Seit Gayot de Pitaval mit seinen berühmten Fällen den Sammlungen dieser Art seinen Namen gab, sind zahlreiche Werke erschienen, die diesen dunklen und doch so kennzeichnenden Teil der Kultur- und Geistesgeschichte erfassen. Zahlreiche neue Veröffentlichungen berühmter Kriminalfälle lassen auch heute ein stärkeres Interesse vermuten. Soweit ich es übersehen kann, befassen sich aber die neueren Bücher in erster Linie mit Strafprozessen der jüngeren und jüngsten Vergangenheit. Die vorliegende Sammlung mag einen Eindruck von der Strafrechtspflege in den Anfängen der Neuzeit geben. Gerade über diesen Bereich der Kulturgeschichte scheinen mir oft falsche Vorstellungen und eine Neigung zu vorschnellen Urteilen verbreitet zu sein. Abscheu oder Bewunderung aber beruhen häufig auf unvollständiger Kenntnis der Tatsachen. Tatsachen aber will dieses Buch schildern, denn erst mit ihrer Kenntnis beginnt jede historische Einsicht und Deutungsmöglichkeit.

Der fahrende Schüler

(1570)

Frei sein und durch die bunte schillernde weite Welt zu reisen, zu schweifen, zu trampen oder zu gammeln ohne Bindung an Beruf und Pflicht und ohne Ballast und Gepäck, das ist doch zumindest gelegentlich unser aller Wunsch. Schon in den alten Volksbüchern und Gaunergeschichten ist der fahrende Schüler so ein Idealtyp, der vagabundierend von einer Universität zur andern zieht und den dummen Bauern und geizigen Bürgern zur Erheiterung aller lustige und für ihn einträgliche Streiche spielt. Die Wirklichkeit sah und sieht anders aus. Schon im Mittelalter bildete das bunte Heer der fahrenden Leute ein Problem, das die Ordnungsmächte nicht lösen konnten. Je fester und in sich geschlossener jene Gesellschaftsordnung war, je exklusiver sich Stände, Zünfte und Gewerbe zeigten, umso größer mußte die Zahl derer sein, die nicht in diese Ordnung gehörten. Wer keine Bindung mit dieser ständigen Gliederung hatte und wer sie verlor, der konnte sie niemals erlangen oder wiedererlangen. Wer auf der anderen Seite nicht in diese starre Ordnung von Stand und Ort hineingestellt war, der war auch schwer zu fassen. So bevölkerte denn eine bunte Masse die Landstraßen: Zigeuner, fahrende Gesellen, entlaufene Mönche, wandernde Schüler und Dirnen, Spielleute, „gartende“ Landsknechte, Gaukler, kurz: fahrendes Volk von keinem Stand, keiner Ehre, keiner Heimat und keiner bürgerlichen Bindung. Freilich betrachtete die Obrigkeit diese Fahrenden mit scheelen und mißtrauischen Blicken, aber dem Zugriff konnte sich so ein wandernder Geselle leicht entziehen. Die staatliche Autorität endete an der Grenze des eigenen Territoriums, und diese Staatsgrenze war in deutschen Landen zu jenen Zeiten auch zu Fuß in längstens ein paar Stunden zu erreichen und ohne Paß und Visum zu überschreiten.

Die Kriminalität unter den fahrenden Leuten war beachtlich. Daß sich unter diesem bunten Volk viele Gauner, Betrüger, Falschspieler und kleine Diebe befanden, ist erwiesen. Sie waren eine rechte Landplage. Aber auch schwerkriminelle Elemente spielten eine bedeutende Rolle. Entlassene Landsknechte bildeten regelrechte Räuberbanden, suchten alleinstehende Gehöfte heim und überfielen kleine Dörfer, um sie auszuplündern.

Daß aber auch der fahrende Schüler nicht immer nur der verschmitzte intelligente kleine Gauner war, wie man ihn aus den Geschichten kennt, zeigt unser Fall.

Ob unser Thomas Rudolph aus Schaffhausen jemals die Bank einer Lateinschule gedrückt oder gar eine Universität besucht hat, mag dahinstehen. Jedenfalls zog dieser 16-jährige Schwerverbrecher als fahrender Schüler durch das Land. Als fahrender Schüler mag er auch an der Tür des Pfarrers Schwanfelder von Sprendlingen um Quartier oder Wegzehrung gebeten haben. Als aber nur die beiden Kinder des Pfarrers im Hause sind, wird der fahrende Schüler zur Bestie. Er ermordet die Kinder, offenbar um das Haus ungestört ausrauben zu können. Hierzu aber kommt es nicht. Rudolph wird erkannt, kann aber noch bis Offenbach entkommen. Dort wird er verhaftet und im gräflichen Schloß eingesperrt. Aber dieser kaltblütige Verbrecher gibt nicht auf. Es gelingt ihm, auszubrechen, und diesen Streich krönt er noch damit, aus dem Schloß 623 Gulden zu entwenden. Nun wendet sich Rudolph nach Frankfurt. Das Geld läßt er sich von einem Bauern tragen, er kann sich ja nun einen Träger leisten. Aber auch in Frankfurt möchte er begreiflicherweise nicht bleiben, vielmehr eine größere Strecke zwischen sich und sein Verbrechen bringen. In Sachsenhausen verhandelt er mit Schiffsleuten, denn er will in einem Kahn weiterfahren. Diese Fahrt ist bequem und hat für ihn den Vorzug, nicht viele Siedlungen zu berühren. Bei den Verhandlungen mit den Schiffern wird Rudolph jedoch von einem Sprendlinger Holzbauern erkannt, ergriffen und zum Römer gebracht. Es ist aus mit ihm. Hat man einmal solch einen fahrenden Gesellen erwischt, und bestehen gegen ihn genügende Verdachtsmomente, so schlägt die Strafjustiz mit barbarischer Härte zu.

Und bei Thomas Rudolph lagen die jüngsten Verbrechen klar zu Tage. Trotzdem wird er alsbald auf die Folter gespannt, denn ein Geständnis muß auch er selbst ablegen. Hauptsächlich vermutet man aber — und wohl nicht ohne Grund — daß dieser junge Kerl noch andere Verbrechen verübt hat. So preßt man denn auch noch das Geständnis von Diebstählen aus ihm heraus, die er in Koblenz mit anderen Tätern begangen haben will. Durch diese Aussage fristet er noch zwei Wochen sein Leben, denn der Rat beschließt, Ermittlungen in Koblenz einzuleiten und die dortige Obrigkeit zu veranlassen, von Rudolph genannte Mittäter zu verhaften.

Inzwischen sind Abgesandte des Grafen Philipp zu Isenburg, des Landesherrn von Offenbach, eingetroffen, die in höflicher Form einen ehrbaren Rat um Auslieferung des Verbrechers bitten. Freilich glaubt der Graf selbst nicht daran, daß der Rat diesem Auslieferungsersuchen stattgibt, und deshalb hat er gleich die weitere Bitte beigefügt, man möge die Exekution „solchermaßen tun lassen, damit andere böse Buben daran einen Abscheu haben möchten".

In Offenbach ist man der Auffassung, Rudolph müsse bei der Flucht und dem frechen Diebstahl Gehilfen unter dem Wachpersonal gehabt haben. Deshalb hat man diese Wachen erst einmal allesamt eingesperrt. Nun soll Rudolph zu dieser Frage vernommen werden. Dieser Bitte entspricht der Rat. Die Abgesandten des Grafen dürfen die Vernehmung sogar selbst vornehmen, die allerdings offenbar zu einer Entlastung der verhafteten Wächter geführt hat.

Einen Tag später, am 16. Februar 1570, trifft dann auch die Antwort aus Koblenz ein, die den Rat veranlaßt, Rudolph wegen der dort begangenen Diebstähle nochmals auf die Folter zu spannen. Das Ergebnis dieser brutalen Vernehmung wird wiederum nach Koblenz berichtet. Es vergehen einige Tage, und am 22. Februar kommt aus Koblenz ein Bevollmächtigter, welcher mitteilt, man habe auf die Aussagen des Rudolph die als Mittäter von Diebstählen angegebenen Personen verhaftet, davon leugne aber ein Teil der Verhafteten mit Entschiedenheit jede Beteiligung, deshalb möge man Rudolph nochmals zu einigen Punkten vernehmen.

Der Rat will diesem Ersuchen zwar entsprechen, den überführten Dieb und Mörder aber nicht wegen dieser Koblenzer Ermittlungen länger der Strafe entziehen. Er beschließt deshalb, man soll den Beschuldigten vom Katharinenturm, dem Gefängnis, in den Brückenturm überführen, in welchem die zum Tode Verurteilten an einen Stuhl gefesselt ihre letzten Stunden verbringen. Dort soll Rudolph nochmals eindringlich über die Diebereien in Koblenz vernommen werden. Geistliche sollen ihm die letzten Tröstungen spenden und Rudolph zugleich ermahnen, „daß er nicht allein seine eigene Seele, sondern auch andere Leute nicht belasten und die Wahrheit anzeigen solle". Mit diesem Beschluß verbindet der Rat aber zugleich sein grauenhaftes Urteil: „Wenn solches geschehen", soll man den Rudolph „alsdann auf den Freitag anderen bösen Leuten zum Abscheu auf einen Wagen oder Karrn schmieden und auf dem Markt (am Römer) und Unser Frauenberg (Liebfrauenberg) mit glühenden Zangen petzen, folgens hinausführen und mit dem Rad vom Leben zum Tode richten und die Arme und Beine zweimal entzweistoßen, hernachher auf das Rad legen, einen Galgen darauf machen, damit man sehen könne, daß er nicht allein gemordet, sondern auch gestohlen habe".

Der große Rechtsgelehrte Feuerbach hat in seinen berühmten Rechtsfällen einmal gesagt, es stehe dem Staate nicht an, mit der Grausamkeit einer verschärften Todesstrafe in Wettbewerb zur Bestialität des Verbrechens zu treten. Von dieser besseren Einsicht war man aber in jenen Tagen noch weit entfernt.

Ein gütiges Geschick, vielleicht die höhere Gerechtigkeit, scheint dem Verurteilten zwar nicht den verdienten Tod, aber doch die grauenvollen Martern erspart zu haben: Als nämlich Thomas Rudolph am Morgen des 24. Februar 1570 zu dieser entsetzlichen Hinrichtung geschleppt werden soll, befindet er sich in einem „so tiefen Schlaf, daß man ihn nicht erwecken können". Der Verurteilte war also offenbar ohnmächtig.

Ein Arzt untersucht ihn, findet jedoch keine lebensgefährliche Krankheit. Trotzdem rechnet man mit dem Tod des Verurteilten. Alsbald wird der Rat zu einer Sondersitzung einberufen, um zu beschließen, was zu geschehen habe. Der Rat sieht aber offenbar nur die wirklich gemeine Mordtat des Verurteilten und beschließt, man solle „ungeacht er sterbe oder bleibe lebendig" das Urteil vollziehen. So geschieht es denn auch mit der ganzen Grausamkeit dieses unmenschlichen Richterspruches. Lersner vermerkt in seiner Chronik, welche alle die Martern aufzählt, daß man unter all diesen Qualen kein Stöhnen und keinen Schmerzensschrei von dem Delinquenten vernommen habe. Ich bin deshalb überzeugt, das Urteil wurde an einem Bewußtlosen oder Toten vollzogen.

Der Raubmörder Dossenheimer

(1584-1585)

Das heute gültige Strafrecht sieht den Raub als eines der schwersten Verbrechen an. Die Gewalttätigkeit, die den Raub kennzeichnet, zeigt eine besonders verbrecherische Gesinnung, und die Gefährlichkeit der Tat rechtfertigt schwere Strafe. Vom Raub zum Raubmord ist, wie die Praxis bestätigt, oft nur ein kleiner Schritt. Der Raubmörder aber ist ein Verbrecher, den in jedem Falle das Höchstmaß der Strafe treffen muß. Angesichts dieser Bewertung, die Raub und Raubmord heute erfahren, muß es zunächst verwundern, daß in früheren Zeiten Raub und sogar der offene Raubmord gegenüber dem Diebstahl als weniger verbrecherisch angesehen und bestraft wurden. Der Grund hierfür ist wohl darin zu erblicken, daß in einer zu Gewalttätigkeiten neigenden Zeit die offene, wenn auch gewaltsame Wegnahme weniger verwerflich erschien als die Heimlichkeit des Diebstahls. Germanisches Strafrechtsdenken findet sich bei diesen Delikten noch bis in die Neuzeit. Danach ist nicht die Gefährlichkeit oder Roheit einer Tat der Maßstab für die Strafe, vielmehr erscheint der offene Rechtsbruch weniger strafwürdig als die heimliche Tat. Der Räuber erscheint weniger verächtlich als der Dieb. Ihn trifft der entehrende Tod am Galgen, den Räuber die Schwertstrafe, die weniger ehrlos ist und meist ein ehrliches Begräbnis nicht ausschließt.

In unserem Falle ist der Rat bei den Ermittlungen

auch recht vorsichtig zu Werke gegangen und hat trotz erheblicher Verdachtsmomente zunächst nicht das übliche Inquisitionsverfahren eingeleitet, vielmehr lange geschwankt, ob nicht der viel langwierigere förmliche peinliche Prozeß einzuleiten sei. So ist denn das Verfahren gegen den Raubmörder Philipp Dossenheimer gekennzeichnet durch starke Skrupel des Rates im Ermittlungsverfahren und eine angesichts der Schwere der Tat und der zu jener Zeit üblichen Strafen verhältnismäßig milden Bestrafung.

Philipp Dossenheimer aus Weinheim hatte im Badischen mit seinem Kumpan Michael Reuter und noch mehreren Verbrechern einige Juden überfallen, ausgeraubt und drei seiner Opfer ermordet. Zu den überlebenden Opfern dieses gemeinen Verbrechens gehörte auch Samuel aus Heidelberg. Dieser stellte Dossenheimer in Frankfurt und ließ den von ihm Beschuldigten festnehmen.

Um die Festnahme Dossenheimers zu erwirken, mußte sich aber auch Samuel selbst einsperren lassen. Dies war Anfang Oktober 1584 geschehen. Der Rat begann seine Ermittlungen und wandte sich zunächst an die Kanzlei des Markgrafen von Baden und an den Bürgermeister und Schultheißen von Weinheim. Diese Anfragen müssen die Mitteilungen ergeben haben, daß die von Samuel behauptete Tat tatsächlich verübt worden ist und man den Michael Reuter ebenfalls gefaßt habe.

Weitere Ermittlungen zeitigen im Dezember 1584 folgende schwere Verdachtsmomente: Der Amtmann der markgräflichen Herrschaft Feistingen teilt dem Rat mit, Michael Reuter habe in gütlicher Vernehmung und unter der Folter gestanden, von den drei ermordeten Juden habe Dossenheimer zwei umgebracht. Reuter ist wegen seiner Beteiligung an der Tat inzwischen hingerichtet worden.

Der Rat beschließt, man solle Dossenheimer diese Aussage vorhalten und ermahnen, die Wahrheit zu bekennen, andernfalls werde man sie auf der Folter schon aus ihm herausbringen.

Während der langen Wochen dieser Ermittlungen hat auch der Kläger, Samuel aus Heidelberg, in Haft gesessen. Bei diesem Stand der Dinge werden nun die Vorsteher der Judenschaft bei dem Rat vorstellig und bitten, Samuel aus der Haft zu entlassen. Der Rat entspricht diesem Gesuch, allerdings muß Samuel versprechen, die Stadt nicht zu verlassen.

Am 15. Januar 1585 berät der Rat über die inzwischen vorliegenden Aussagen des Dossenheimer, die offenbar keine neuen Anhaltspunkte und schon gar kein Geständnis ergeben haben. Der Rat beschließt, man solle Dossenheimer „länger liegen lassen" und ein Gutachten des Ratssyndikus Dr. Keller einholen.

Dieses Gutachten ist für den damaligen Rechtszustand in Frankfurt recht interessant: Dr. Keller weist darauf hin, daß Dossenheimer nicht von Amts wegen verhaftet worden sei, vielmehr auf Ersuchen des Samuel von Heidelberg, man möge deshalb den Ankläger veranlassen, eine förmliche Klage zu erheben. Nach dem Gutachten besteht demnach gegen Dossenheimer noch kein so dringender Tatverdacht, daß man ein förmliches Inquisitionsverfahren gegen ihn eröffnen könnte.

Da aber der Rat ein solches Verfahren jederzeit eröffnen kann, empfiehlt der Syndikus Dr. Keller, nochmals eingehende schriftliche Berichte einzuholen, aus denen sich dann ein für hinreichend anzusehender Tatverdacht ergeben könnte.

Philipp Dossenheimer hat inzwischen auch erkannt, daß der Rat offenbar nicht mit der sonst üblichen Schärfe die Ermittlungen führt. Sicher ist er selbst überrascht, daß man ihn noch nicht zur Folter gebracht hat, und hieraus zieht er seine Schlüsse. Er beantragt, man möge ihm gestatten, den Ankläger seinerseits zu verklagen. Der Rat entscheidet hierauf jedoch, daß zunächst das Ergebnis der weiteren Ermittlungen abgewartet werden soll, zumal inzwischen von der Stadt Straßburg Anfragen eingelaufen sind. Man hat dort einen weiteren Mittäter gefaßt und bittet um die Mitteilung der Ermittlungsergebnisse.

Endlich im Frühzahr 1585 kann die Sache weitergeführt werden. Der Rat bekommt eine Abschrift der Urgicht (Geständnis) des hingerichteten Michael Reuter zugeschickt. Diese Aussage ist so eingehend, daß nun die Ratsjuristen konstatieren, es seien nunmehr genügend Indizien vorhanden, um ein regelrechtes Inquisitionsverfahren zu eröffnen und mit der Folter gegen Dossenheimer vorzugehen. Nun ist die Sache schnell geklärt: Auf der Folter gesteht Dossenheimer den Straßenraub und die Morde.

Am 29. April wird Philipp Dossenheimer zum Tode durch das Schwert verurteilt, sein Leichnam soll jedoch ehrlich auf dem Gutleutfriedhof bestattet werden.

Dieser Fall zeigt, wie viele andere, daß die barbarische Folter jenes brutale Mittel war, um die Grundlage zu einer Verurteilung zu gewinnen. Daß derartige Methoden verabscheuungswürdig sind, bedarf keiner näheren Erklärung. Es ließe sich einwenden, daß die Folter jedenfalls in der Frankfurter Strafpraxis nur beim Vorliegen erheblicher Verdachtsgründe vorgenommen wurde. Deshalb ist das entscheidende Argument gegen derartige Methoden prinzipieller Natur: Jeder Mensch hat bestimmte, unverlierbare Rechte. Zu diesen primitivsten Rechten gehört, daß man ihn nicht durch Gewaltanwendung zum Werkzeug gegen sich selbst erniedrigt.

Gerade die starken Rechtsgarantien, die den Angeklagten vor übereilter und ungerechter Verurteilung schützten, begünstigten auf der anderen Seite die Folter. Die Voraussetzungen, unter denen ein Angeklagter als überführt angesehen und verurteilt werden konnte, waren in jenen Tagen nämlich eher strenger als dies heute der Fall ist. Der Beweiswürdigung durch das Gericht waren zum Schutze des Angeklagten enge Grenzen gezogen. Nur „durch zweier Zeugen Mund wird bald die Wahrheit kund". Ein Tatzeuge oder auch noch so starke Indizien reichten zu einer Verurteilung nicht aus. Man kann sogar behaupten, nur auf sein eigenes Geständnis hin wurde ein Angeklagter verurteilt, es sei denn, daß die Tat ganz offenkundig gewesen und durch mehrere Zeugen eindeutig bewiesen werden konnte. Aber auch dann trachtete man danach, ein Geständnis zu erreichen. Diese überaus strengen Prinzipien bei der Urteilsfindung haben der Folter entscheidenden Vorschub geleistet. War ein Geständnis zur Verurteilung notwendig, so suchte man es eben dem Verdächtigen mit allen Mitteln abzuringen. In aller Regel aber mußten, wie auch der Fall Dossenheimer zeigt, gewichtige Verdachtsmomente gegeben sein, ehe man sich zur Anwendung der Folter entschloß.

Freitag der Dreizehnte

(1590)

Arme Adlige gab es nicht nur in Spanien, wenn sie dort auch durch „Lazarillo von Tormes“ und „Don Quichote“ weltweite literarische Berühmtheit erlangt haben. Trotzdem kam es dem Rat doch recht seltsam vor, daß im November 1589 der Gastwirt zur Rose in Mainz, Hans Koch, den Freiherrn Hans Jakob zu Waldeck in den Schuldturm bringen wollte. Eindeutig war aber, daß der feine Herr Schulden gemacht, diese nicht bezahlt und sich nach Frankfurt aus dem Staub gemacht hatte. Gleichwohl ging man gegen diesen Adligen zunächst recht vorsichtig vor. Man brachte ihn nicht in das Schuldgefängnis, sondern arretierte ihn zunächst im Spital. Der geprellte Wirt aber erkundigte sich in der Heimat seines feinen Gastes und wartete bald mit der Mitteilung auf, daß ein solcher Adliger dort zu Lande völlig unbekannt sei. Hieraus zog der Rat der Stadt sogleich die Konsequenz und quartierte den Inhaftierten in das übliche Gefängnis, den Katharinenturm, um, der gerade zur Winterszeit ein qualvoll kalter Aufenthaltsort war. Zugleich aber wurde beschlossen, sich über diesen merkwürdigen Gesellen näher zu erkundigen. Darüber vergingen Wochen, Wochen, in denen der Inhaftierte in dem kalten Turm bittere Pein litt. Im Februar 1590 wurde immer deutlicher, daß man es mit einem Hochstapler zu tun hatte. Der Verhaftete spielte indes seine vornehme Rolle weiter, was ihm zwar für den Augenblick schließlich eine Hafterleichterung einbrachte, das Wohlwollen des Rates gegen ihn aber gewiß nicht hob. Es wurde dem Rat nämlich berichtet, es „halte sich vorgeblicher Freiherr in dem Gefängnis auf dem Katharinenturm fast ungestüm mit Schreien und Toben", was angesichts der barbarischen Kälte verständlich war. Auch die geistlichen Betreuer des Gefangenen ließen sich dahin vernehmen, die Besuche auf dem Turm seien ihnen wegen der Kälte beschwerlich. So beschloß denn der Rat, den Verhafteten wieder in das Spital zu bringen, wo er Tag und Nacht bewacht werden sollte. Dort sollte er auch „seine bösen Taten verständlich zu Papier bringen". Diese für ihn wenig Vorteil versprechende Mahnung befolgte der Inhaftierte natürlich nicht. Der Rat brachte auch ohne dieses Geständnis heraus, daß er es mit dem Barbier Hans Jakob Knab aus Altenburg in Sachsen zu tun hatte. Die Ermittlungen ergaben weiter, daß sich Knab anderwärts als Graf von Tribultz, von Weißbach, ja sogar als Herzog von Sachsen ausgegeben hatte, wie man neben anderen wenig erfreulichen Tatsachen aus Prag erfuhr. Angesichts dieser eindeutigen Beweise legte nun auch Hans Jakob Knab ein Geständnis ab.

Die rechtliche Behandlung des Falles bereitete jedoch einige Schwierigkeiten, da der Tatbestand, den wir heute Betrug nennen, noch nicht eindeutig fixiert war. Bei aller Härte der Strafjustiz sah man gerade in einem solchen Kreditbetrüger oft nur den insolventen Schuldner, der zwar in den Schuldturm gehörte, nicht aber schlechthin mit einer Kriminalstrafe zu belegen war. So waren denn auch die Gutachten der beiden Ratssyndici in diesem Falle nicht einhellig. Einig waren sich die Ratsadvokaten nur darin, daß Knab eine Strafe verwirkt habe. Während aber das eine Gutachten für die Schwertstrafe plädierte, sollte nach dem anderen im Hinblick auch auf die lange und peinigende Haft zur Winterszeit „nur“ eine schwere Leibesstrafe verhängt werden. Der Rat folgte der strengeren Auffassung und dekretierte, Knab solle mit dem Schwert vom Leben zum Tode gerichtet werden. Eine für den Verurteilten wenig tröstliche Milderung lag nur darin, daß der Leichnam auf dem Gutleutfriedhof ein halbwegs ehrliches Begräbnis erhalten sollte.

Dies also sollte das schlimme Ende des Hans Jakob Knab sein. Schlimm wurde es aber auch für den Scharfrichter Jonas Fischer.

Am Freitag, dem 13. Februar 1590, fand die Hinrichtung am Galgen statt. Sie mißlang dem Meister offenbar völlig. Unter dem Volk brach darauf ein Tumult aus, Steine flogen. Vergeblich forderte der Oberst-Richter, dem die Leitung der Vollstreckung oblag, die Menge zweimal auf, bei Meidung einer Leibesstrafe nicht Hand an den Scharfrichter zu legen. Der Obrigkeit gebühre es, ihn zu bestrafen. Es half nichts. Die Steine flogen weiter. Der Tumult wurde immer schlimmer. Dem Scharfrichter entfiel sein Schwert. Der Messerschmied Urban Zimmermann hob es auf und hatte später Anlaß, diese Gefälligkeit zu bereuen. Schließlich zogen auch die Büttel blank, und mit ihnen setzte sich auch der Scharfrichter, unterstützt von seinen Knechten, zur Wehr. Nun aber und gerade durch diese Gegenwehr erreichte der Sturm seine vollste Höhe. „Da ist männiglich angelaufen gewesen, mit Steinwerfen an sie gesetzt und den Scharfrichter bis in die Galgenwarte getrieben, dahin er entronnen und seine Sicherheit gesucht.“ Acht Tage blieb der schwer verletzte Scharfrichter in der Warte. Dann ließ er sich „wegen vieler empfangener gefährlicher Würf und Wunden“ auf einem Karren heimfahren.

Am 17. Februar beschäftigte sich der Rat mit dem Fall. Es wurde festgestellt, daß der Scharfrichter durch die Steinwürfe beinahe getötet worden wäre. Es wird beschlossen, dafür Sorge zu tragen, daß sich solche Vorgänge nicht wiederholen können. Den „Ursächern“ des Aufruhrs soll nachgestellt werden, ein wenig aussichtsreiches Unterfangen, und man soll sich nach einem andern Scharfrichter umsehen.

Aber noch jemand braucht eine Entscheidung des Rates wegen dieses schwarzen Tages. Der Messerschmied Urban Zimmermann wendet sich an die Obrigkeit, denn die Meister und Gesellen seiner Zunft wollen ihn für „unehrlich“ halten, weil er des Scharfrichters Schwert aufgehoben hat. Der Rat hilft dem bedrängten Biedermann: Man soll den Meistern und Gesellen des Messerschmiede-Handwerks in allem Ernste aufgeben, den Beschwerdeführer unangefochten zu lassen und sich diese Sache nicht anzumerken.

Der entlassene Scharfrichter bittet, man möge ihn als Stöcker weiterbeschäftigen, das heißt als Aufseher über die Dirnen der Stadt, Hilfsbeamten des Scharfrichters und Vollzugsorgan für Rutenstrafen und Schnellen. Der Rat entspricht auch diesem Gesuch, allerdings unter der Bedingung, daß Meister Fischer den derzeit beschäftigten Stökker anderweitig unterbringt. Dies wird Jonas Fischer wohl gelungen sein, denn die Scharfrichter unterhielten untereinander gute Beziehungen und müssen sich auch über offene Stellen in ihrem Gewerbe verständigt haben. Diesen Verbindungen ist es wohl auch zuzuschreiben, daß in ganz kurzer Zeit mehrere Bewerbungen um das frei gewordene Scharfrichteramt in Frankfurt eingehen. Der Scharfrichter von Mainz möchte die Stelle für seinen Sohn haben. Sogar der Scharfrichter von Köln hält dieses Amt in Frankfurt für vorteilhafter und bewirbt sich. Der Rat aber entscheidet sich für Hans Molter, weil ihm das Zeugnis ausgestellt wird, er sei ein guter Pferdearzt. Hans Molter und später sein Sohn Jonas haben ihres traurigen Amtes lange Jahre in Frankfurt gewaltet. Die Lehre aber, die der Frankfurte Scharfrichter am Freitag, dem dreizehnten Februar 1590, erhalten hatte, blieb unvergessen. Noch 1612 wendet sich Jonas Molter an den Rat und trägt vor: Seines Erachtens werde ein Verhafteter wegen eines in Frankfurt begangenen Totschlags wohl mit dem Schwert hinzurichten sein. Er müsse sich aber für den Fall, daß ihm der Streich mißlinge, allerhand gegenwärtig sein. Man möge deshalb entsprechend der peinlichen Halsgerichtsordnung Vorkehrungen treffen, daß er hiergegen gesichert sei. Deshalb möge man bei den Zünften, Bedrohungen, Steine-Auflesen und andere Tätlichkeiten mit Ernst verbieten. Zu größerem Ansehen und Effekt möge der Rat auch Söldner mit hinaus reiten lassen. Der Rat entsprach dieser Bitte und traf bei Hinrichtungen mit dem Schwert fortan regelmäßig besondere Vorkehrungen. Leider waren diese auch nicht überflüssig, denn den Frankfurter Scharfrichtern ist gar nicht so selten ein Fehlschlag unterlaufen.

Die Deutschen Herren

(1593)

Frankfurt war Reichsstadt, und der Rat als Regierung fühlte sich zwar dem Kaiser untertan, sonst aber als souveräner Herrscher in seinem Gebiet. Dieses Staatsgebiet umfaßte ungefähr den Bereich, den heute die Großstadt Frankfurt einnimmt. In der Stadt aber, jenseits des Mains in Sachsenhausen und doch dem Rat direkt vor der Nase saßen in ihrem Schloß die Deutschherren, die sich ebenso souverän fühlten, dem Rat nicht unterstanden und selbst Territorialherren waren. Die Stellung des einflußreichen Ritterordens hat den Rat gewiß nicht sehr erfreut, aber er mußte sich damit abfinden, ja er mußte sogar mit dem Ritterorden einen kleinen Teil seines Besitzes teilen. Die Herrschaft über das Dorf Niederrad nämlich gehörte zu Dreiviertel der Reichsstadt und zu einem Viertel den Deutschen Herren. So war der Orden denn auch an der Gerichtsbarkeit über Niederrad beteiligt, und kein Dieb aus Niederrad durfte an den Frankfurter Galgen gehängt werden, Niederrad besaß seinen eigenen. Daß die in Frankfurt ansässigen Mitglieder des Ordens nicht der Gerichtsbarkeit der Stadt unterstanden, versteht sich bei dieser Lage von selbst. Wie aber verhielt es sich mit dem Ordenshaus in Sachsenhausen? Endeten die Machtbefugnisse des Rates vor dem Tor dieses Schlosses? Die Deutschen Herren waren gewiß dieser Meinung, und sie konnten einen solchen Anspruch auf zwei Gründe stützen. Unbestritten war, daß die Ordensritter dem Rat nicht untertan waren. Mußte dann nicht auch das Ordensschloß als exterritorial angesehen werden! Aber auch andere Erwägungen boten sich an: Bestimmte Kirchen und Klöster galten im Mittelalter als Freistätten, als Orte also, an denen jeder staatliche Zugriff Halt zu machen hatte, an dem selbst der flüchtige Verbrecher nicht verfolgt und ergriffen werden durfte. Den Charakter einer solchen Freistätte behaupteten die Deutschen Herren und beanspruchten sie für ihr Schloß. Der Rat aber, der schon die Mitherrschaft über Niederrad und die Immunität der Herren schlucken mußte, wollte in der Stadt nicht auch noch ein solches Sonderrecht für das Deutschherren-Haus dulden.

So kam es denn zu jener Kraftprobe des Jahres 1593, die ausgelöst wurde durch den Steinmetzen Wilhelm Bechthold.

Bechthold muß ein unleidlicher Mann gewesen sein. Seine Zunftgenossen führten wiederholt Klage über ihn, weil er außerhalb der Stadt sein Gewerbe betreibe, sein Meisterstück nicht ablege und vorgestreckte Beträge nicht zurück erstatte. Der Rat muß schließlich Bechthold mit Haft bedrohen, falls er sich nicht füge. Bechthold aber beschimpft hierauf nur die Meister Steinmetzen. Der Rat läßt ihm antworten, wolle er Mitglied der Zunft sein, so müsse er sich danach verhalten.

An einem Sonnabend des Jahres 1593 bekommt Bechthold mit seinem Nachbarn, dem Buchbinder Michel Jäger, Streit, der damit sein schlimmes Ende findet, daß Bechthold den Buchbinder mit einem Schrotgewehr erschießt. Die Folgen der Tat sind Bechthold klar. Er will aus der Stadt fliehen. Aber der Bürgermeister hat die Tore bereits schließen lassen, die Torwachen haben sofort auch die Personenbeschreibung Bechtholds erhalten. Der flüchtige Totschläger hat wenig Aussicht, aus der Stadt zu entrinnen. So versteckt er sich vom Sonntag bis zum Dienstag. Am Mittag dieses Tages entdeckt ihn ein Junge auf einer Feuerleiter. Bechthold rettet sich in den Hof der Frauensteiner. Das Grundstück dieser einflußreichen Patriziergesellschaft bietet Bechthold zunächst einen gewissen Schutz, weil der Rat nicht ohne Genehmigung der Frauensteiner auf dem Gelände dieses Hofes eine Amtshandlung vornehmen möchte. Auf der anderen Seite aber ist völlig klar, daß die Frauensteiner die Genehmigung zur Ergreifung des Verbrechers erteilen werden. Also klettert Bechthold über die Mauer des Frauenstein-Hofes auf das benachbarte Grundstück der Deutschherren.

Der Komtur des Ordens, Adam von Klingenbach, will offenbar dem Rat demonstrieren, daß seine Macht vor dem Deutschen Haus haltzumachen hat.

Dreimal werden die Deutschherren aufgefordert, Bechthold auszuliefern. Der Komtur aber läßt dem jüngeren Bürgermeister und dem Ratssyndikus Caesar, beide Herren führen die Sache des Rates, ausrichten, Bechthold habe sich der Ordnung des Hauses unterworfen, und ihm sei Asyl gewährt worden.

Nun tritt der Rat zusammen, um in einer Sondersitzung zu beschließen, was zu geschehen hat. Man versucht es noch einmal auf dem Verhandlungswege. Ein Mörder verdiene keinen Schutz und schon gar nicht ein Mann wie Bechthold, läßt er vortragen. Der Rat bringt aber auch Argumente, die zeigen, daß auch in damaliger Zeit Freistätten noch anerkannt gewesen sein müssen. Er argumentiert nämlich, Bechthold könne schon deshalb keine Freistatt beanspruchen, weil er nicht den rechtmäßigen und ordentlichen Weg durch das Tor gewählt habe, vielmehr arglistig über die Mauer geklettert sei. Damit leugnet der Rat nicht schlechthin, daß das Ordenshaus eine Freistätte bilden könne. Der Komtur aber läßt sich von diesen Argumenten ebenso wenig beeindrucken wie von allen früheren Auslieferungsanträgen. Da entschließt sich der Rat zu drastischem Vorgehen: Beanspruchen die Deutschherren für ihr Ordenshaus die Anerkennung als Freistatt und eines exterritorialen Gebietes, so will der Rat sich in seiner Blutgerichtsbarkeit nicht einschränken lassen.

Den Deutschherren wird angekündigt: Gebe man Bechthold nicht freiwillig heraus, so werde man sich seiner mit Gewalt bemächtigen, und solches geschehe nicht „aus Verachtung des Deutschen Ordens Privilegii, sondern weil diese große Tat keinen Schutz verdiene, auch der Magistrat freie Gewalt habe zu strafen und sich an seiner Jurisdiktion nicht kränken ließe".

Da auch diese Drohung wirkungslos bleibt, umstellen Rotten der Bürgerwehr das Haus. Bewaffnet dringen der jüngere Bürgermeister, der Syndikus Dr. Caesar und etwa dreißig Bürger in das Schloß ein und durchsuchen es zwei Stunden lang. Ein Notar und zwei ortsfremde Zeugen sind eigens mitgenommen worden.

Die Durchsuchung führt zunächst zu keinem Ergebnis. Die Ordensherren haben Bechthold in das Konklave eingeschlossen. Schließlich wird die Tür zu diesem Raum aufgebrochen und Bechthold in Gewahrsam genommen.

Schon am übernächsten Tage, dem 27. Juli 1593, wird Bechthold mit dem Schwert hingerichtet.

Hinter Schloss und Riegel

(1606-1608)

Im Strafprozeß alter Zeit ist der Beschuldigte gemeinhin bloßes Objekt des Verfahrens. Er hat keine Rechte, keine Verteidiger, ja er steht nicht einmal seinen Richtern gegenüber. Im Turm hat er auf Folter, Urteil und Strafe zu warten, und hinter verschlossenen Türen wird sein Schicksal in geheimer Sitzung behandelt. Der Verurteilte kennt seine Richter nicht, und die Richter kennen den Sünder nur aus den Akten. Hat man einen Verdächtigen einmal gefaßt, dann mahlen die Mühlen der Justiz schnell und schonungslos.

Neben diesem streng inquisitorischen Verfahren, das in der Mehrzahl der Fälle angewendet wurde, gab es aber zumal in Frankfurt eine ganz andere Prozeßform, die in fast allen Stücken das Gegenteil zu jenem heimlichen und obrigkeitlichen Verfahren war. Vornehmlich bei Totschlagssachen, bei denen die Schuld des Angeklagten nicht klar zu Tage lag, wurde ein sehr förmlicher peinlicher Prozeß veranstaltet, der in vielen Stücken den langwierigen Zivilprozessen jener Zeit ähnelte. In diesem Prozeß war die Stellung des Angeklagten stark. In einzelnen Teilen sogar stärker als in dem heutigen Strafprozeß. Dies zeigt besonders deutlich der Strafprozeß gegen den höchst ungetreuen Gesellen des Meisters Jakob Schlegel.

In der Werkstatt dieses Meisters zu Butzbach war als Geselle Hans Reible beschäftigt. Reible aber strickte nicht nur in der Wirkerei seines Meisters, er knüpfte auch mit der Meisterin zarte Bande an. Es kam zum Ehebruch, und die beiden Liebenden beschlossen, nicht voneinander zu lassen. Die Meisterin wollte den Gesellen heiraten, wenn er nur den Ehemann aus dem Wege räume. Und auch der Schwiegervater des Meisters Schlegel war mit der Aussicht auf einen neuen Schwiegersohn sehr einverstanden. Er steht Reible mit bösem Rat und Tat zur Seite. Im Jahre 1606 überfällt Reible seinen Meister auf offener Straße und schlägt ihn nieder. Doch wider alles Erwarten kommt Schlegel mit dem Leben davon. Schwerverwundet wird er nach Hause gebracht. Wie uns Lersner berichtet, ist „die Frau so erschrocken, daß sie in tötliche Schwachheit gefallen und obgedachte Tat auf ihrem Totenbett im Beisein zweier Herren vom Rat und eines Pfarrers zu Butzbach bekannte" und darauf verstarb. Reible ist inzwischen nach Frankfurt entwichen und wird dort auf Veranlassung des Meisters Schlegel festgenommen.

Nach allem, was man vom mittelalterlichen Strafverfahren weiß, sollte man annehmen, daß Reible bei dieser Sachlage in spätestens einer Woche dem Henker überantwortet worden wäre.

Aber der Rat von Frankfurt übt hier große Zurückhaltung. Dem Beschuldigten wird ein Totschlagsversuch vorgeworfen, der in der Gegend von Butzbach begangen sein soll, der Verletzte lebt in Butzbach, und die Kronzeugin ist verstorben. Hier ist also für den Rat nicht so zu handeln, wie bei offenkundigen „Malefitzen". Es ist ein Fall, den die Frankfurter Reformation, jenes allgemeine Frankfurter Gesetzbuch, einer Sonderregelung unterwirft, nämlich einem förmlichen Prozeß, den der Verletzte selbst zu führen hat. In diesem Prozeß aber geht es für den Angeklagten um Leib und Leben und mit Sicherheit um eine lange Untersuchungshaft. Der Kläger aber ist ein in Frankfurt unbekannter Mann. Wird Reible nach Jahr und Tag vielleicht freigesprochen, so muß er von dem Kläger eine Entschädigung erhalten. Solange die Sache nicht entschieden ist und auch die Frage, wie der Prozeß wohl ausgehen mag, noch völlig offenbleibt, muß auch der Kläger denselben Einsatz leisten wie der Angeklagte: Er muß sich ebenso wie dieser der Haft unterwerfen. So wandern denn Kläger und Angeklagter ins Gefängnis, wobei freilich die Haft des Klägers leichter gewesen sein mag.

In dem Verfahren leistete Reible den Eid darauf, daß er zu Unrecht und böswillig angeschuldigt werde. Bei dieser Eidesleistung aber erschien ihm ein böses Omen, das alle Beteiligten tief beeindruckte. Als Reible nämlich den Eid ablegte, kam durch den Kamin des Gerichtssaales ein Rabe geflogen, flatterte über dem Kopf des Angeklagten und entwich dann schließlich durch das Fenster. Der Eindruck war so stark, daß man im Gerichtssaal das Vorkommnis im Bilde festhalten ließ. Das Bild wurde zum Wahrzeichen dieses Raumes.

Zwei Jahre schleppte sich nun der peinliche Prozeß hin, zwei Jahre, in denen beide Parteien hinter Schloß und Riegel sitzen.

Im Jahre 1608 kommt das Gericht zu der Entscheidung, daß die Verdachtsmomente gegen Reible so erheblich sind, daß man mit der Folter gegen ihn vorgehen kann, denn nach Lage des Falles kann Reible nur auf sein eigenes Geständnis hin verurteilt werden.

Zu diesem Zeitpunkt wird auch Meister Schlegel, der

Ankläger, aus der Haft entlassen, er muß aber eine angemessene Kaution hinterlegen. In öffentlicher Gerichtssitzung wird der Beschluß verkündet, den Angeklagten der Folter zu unterwerfen. Jetzt gibt Reible sein Leugnen auf und legt angesichts der Bedrohung der Marter ein Geständnis ab.

Am Morgen des 2. September 1608 wird Reible in den Römer geführt und dort von zwei Geistlichen betreut. Zwischen sieben und acht Uhr findet in feierlicher öffentlicher Gerichtssitzung die Urteilsverkündung statt. Der Angeklagte wird zum Tode durch das Schwert verurteilt. Der Stab wird über ihn gebrochen. Gleich darauf wird er gebunden, vom Henker zum Galgen geführt und dort enthauptet. Sein Kopf wird auf einen Pfahl gesteckt, der Körper darunter an verruchtem Ort begraben.

Meisterdiebs letztes Abenteuer

(1615)

Mit Pferd und Kutsche reist zur Frühjahrsmesse des Jahres 1615 ein vornehmer, reich gekleideter Herr von Adel in die hochberühmte Reichsstadt Frankfurt. Der feine Herr steigt aber nicht, wie man erwarten sollte, in einem der besten Gasthöfe ab, er sucht sich vielmehr ein Privatquartier bei einem Barbier, das er aber bald wieder wechselt. Seine Quartierwirtin bittet er, nicht zu melden, daß er Jude sei, und die Wirtin handelt bei einem so arrivierten Gast entsprechend. Immerhin kann der Gast, Samuel von Prag, darauf hinweisen, daß er einen Adelsbrief der kaiserlichen Majestät erworben hat.

Ob Samuel diese Standeserhöhung unter anderem mit der Verleugnung seines Glaubens bezahlen mußte, steht dahin, jedenfalls fühlt er sich weiter der jüdischen Religion verbunden.

Der feine Herr hat in Frankfurt offenbar nicht allzu viele dringende Geschäfte zu erledigen. Nur einmal geht er am Vormittag zwischen zehn und elf Uhr für kurze Zeit in den Schweizer Hof. Nach diesem Besuch allerdings vermißt der Juwelier Gillesen mit Entsetzen ein weißes eisenbeschlagenes Kästchen, das in einem schwarzen Felleisen aus Leder verpackt gewesen war. Dieses Kästchen enthielt Schmucksachen und Juwelen im Werte von etwa dreizehntausend Gulden, daneben das Rechnungsbuch des Juweliers und Schuldverschreibungen verschiedener Adliger. „Wie kleinmütig der Juwelier darüber geworden, ist leicht zu erachten.“ Der Dieb hatte einen ungeheuren Fischzug getan, denn dreizehntausend Gulden waren zu jener Zeit ein hochbedeutendes Vermögen. Und gerade diese riesige Beute wurde unserem Meisterdieb zum Verhängnis. Natürlich erstattete der Juwelier sofort Anzeige bei dem jüngeren Bürgermeister. Sofort auch werden Nachforschungen in allen Gasthäusern der Stadt angestellt. Diese bleiben jedoch ergebnislos, denn für diesen leicht vorauszusehenden Fall hatte Samuel ja mit der Wahl eines Privatquartiers Vorsorge getroffen. Der Juwelier aber tut noch mehr. Er läßt ein Verzeichnis der entwendeten Wertsachen drucken und verteilen, setzt eine Belohnung von hundert Reichstalern aus und setzt sich vor allem mit allen Kutschern und Fuhrleuten in Verbindung.

Am nächsten Tag schon zeigt diese letztere Maßnahme ein wichtiges Ergebnis: Ein Kutscher meldet, ein gutgekleideter Herr sei an ihn herangetreten und wolle gegen sehr gute Bezahlung schnell aus der Stadt gebracht werden. Auch das Quartier seines neuen Fahrgastes kann der Kutscher angeben. Freilich kann sich der jüngere Bürgermeister auf diese Information hin noch nicht zu einem speziellen Vorgehen entschließen, einen Durchsuchungsbefehl erläßt er nicht. So handelt der Juwelier auf eigene Faust. Die Quartierleute Samuels erlauben ihm, sich in der Stube des Gastes umzusehen. Alsbald entdeckt er dort die Verpackung der gestohlenen Juwelen. Samuel hat indessen Wind bekommen, er will schleunigst abreisen. Die Beute ist schon in der Kutschlade verstaut, aber es ist zu spät. Samuel wird ergriffen und auf den Katharinen-

Turm gebracht. Zunächst macht er den ziemlich aussichtslosen Versuch zu leugnen, aber auf der Folter wird ihm bald ein umfassendes Geständnis abgepreßt. Samuel bekennt, von Jugend auf habe er sich mit Diebereien durchgebracht, auch seine Künste anderen Eleven der Zunft beigebracht. Weiter kommt noch heraus, daß Samuel in der Herbstmesse des Jahres 1614 einem Kaufmann siebenhundert Taler gestohlen hat. Bei dieser Sachlage war nicht schwer vorauszusehen, wie das Urteil des Rates ausfallen werde.

Es war in jenen Zeiten feststehende Übung, die Todesangst andersgläubiger Malefikanten zu Bekehrungsversuchen auszunützen. Diesem Zeitgeist folgend versuchte der Rat regelmäßig, verurteilte Juden oder Katholiken durch Geistliche zum evangelischen Glauben zu bekehren. Zur Ehre der Verurteilten muß aber gesagt werden, daß diese Bekehrungsversuche meist keinen Erfolg hatten. Mit dem Glaubenswechsel entging der Verurteilte der über ihn verhängten Todesstrafe freilich auch nicht. Im Falle der Bekehrung eines Juden trat aber eine beträchtliche Milderung der Strafe ein. Die Strafe des Erhängens wurde in Frankfurt an Juden nämlich in der niederträchtigen Form vollzogen, daß die unglücklichen Delinquenten an den Füßen aufgehängt wurden und so hängen blieben, bis man sie nach längerer oder kürzerer Zeit der Qual erdrosselte. Bei der normalen Strangstrafe dagegen trat der Tod auf der Stelle ein.

Samuel aus Prag nun gehört zu den Ausnahmefällen, in denen die wenig christlichen Bekehrungsversuche wenn auch erst nach Überwindung beträchtlicher Hindernisse Erfolg hatten.

Im Falle des Samuel beschloß der Rat, der Verurteilte solle, falls er sich zum christlichen Glauben bekehre, als besonders schlimmer Dieb in das Kreuz des Galgens gehängt werden, falls er aber seinem Glauben nicht abschwören wolle, so solle man ihn an den Füßen aufhängen und später strangulieren.

Das Urteil wurde dem Unglücklichen aber nicht verkündet, vielmehr schickte man zunächst Geistliche zu Samuel. Der Gefangene sah in dem Glaubenswechsel sicher eine Chance, sein Leben zu retten. So ließ er sich eingehend unterweisen, „beweinte sein Leben und bat um die Taufe". Da nun das Ziel erreicht schien, sah man keinen Grund mehr, den Vollzug des Urteils weiter zu verschieben. Am frühen Morgen des 13. April verkündete der Oberstrichter dem Verurteilten das über ihn verhängte Todesurteil, das wie üblich sofort vollzogen werden sollte. Zuvor allerdings sollten die Geistlichen noch die Taufe vornehmen.

Da „hat er statt der Bekehrung, so nur in Hoffnung, das Leben zu erhalten, bestanden, gottlose Worte ausgestoßen mit dem endlichen Schluß: er wollte als Jud nicht als Christ sterben". Daß Samuel erklärte, er wolle sterben wie sein Vater und als Jude, ehrt ihn als traditions- und glaubensbewußten, wenn auch dunkelen Ehrenmann, verbittern aber mußte die Geistlichen besonders Samuels spöttische Frage, wie Gott denn einen Sohn gehabt haben könne, da er doch kein Weib gehabt.

„Da nun ein ehrbarer Rat die Boshaftigkeit und Halsstarrigkeit dieses Juden gesehen, ist er condemniert an den Füßen aufgehangen zu werden." Selbst Zeitverlust und Kosten nahm der Rat in Kauf, um diese Verschärfung der Strafe an dem armen Sünder vollziehen zu lassen.

Die ganze Zunft der Zimmerleute wurde, um jeden der Zunftgenossen an dieser anrüchigen Arbeit zu beteiligen, aufgeboten. Am 14. April wurde auf dem Zimmerhof ein Schnappgalgen gezimmert. Am nächsten Tage in aller Frühe um vier Uhr zogen die Zimmerleute mit Trommeln und Pfeifen aus dem Galgentor hinaus und richteten den Galgen neben dem Hauptgalgen auf. Als dieses Werk vollendet war, marschierten sie in Reih und Glied in die Stadt zurück und zum Römer. Von dort ging der Zug in ein Wirtshaus, um einen kräftigen Schluck auf Kosten des Rates zu nehmen. „Da aber solche Zech' ohne eines ehrbaren Rats Verwilligung angestellt, ist ihnen nur die Hälft' erstattet worden."

Am Abend zuvor hatte man Samuel aus Prag mitgeteilt, in welcher Form er nunmehr hingerichtet werden solle. „Worüber er erschrocken und gesagt, daß er allbereit vor drei Jahren in Kaslavara getauft wäre und den Namen Christoph bekommen habe, begehrte auch als Christ zu sterben. Worauf die Geistlichkeit wiederum zu ihm gegangen, ihn wegen seiner Unbeständigkeit gestraft und zur Standhaftigkeit ermahnt.

Den andern Tag ist er auf den Richtplatz geführet, mit den Füßen aufgehangen und sogleich strangulieret worden. Im Hinausführen ist er eifrig im Gebet gewesen, hat auch den Namen Jesu öfters im Munde geführt und hat sich im Tod als rechtschaffener Christ angelassen."

So endet Lersners Bericht über das traurige Ende des Meisterdiebs.

Der Ritter

(1617-1618)

Rauf- und Sauflust werden unseren Vorfahren immer wieder vorgeworfen und zumal die Schriftsteller des 16. und 17. Jahrhunderts schildern, in der drastischen Sprache ihrer Zeit, dieses aktuelle Thema mit größter sittlicher Entrüstung und geringem Erfolg — allen voran Dr. Martinus Luther, aber auch der Vater der peinlichen Halsgerichtsordnung Schwarzenberg. Nur zu oft nahmen Wirtshaushändel einen tragischen Ausgang. Eine Verletzung bei einer solchen Rauferei nahm gewiß niemand sehr tragisch. War ein Degenhieb nicht tödlich, so kam es nicht einmal zu einem Strafprozeß und einer peinlichen Strafe, mit einer Buße mochte solch eine Tat hingehen. Kam aber jemand zu Tode, so hatte der Täter ebenfalls das Leben verwirkt. Freilich, er blieb trotzdem ein Ehrenmann, den der Scharfrichter „nicht anders als mit dem Schwert berühren" durfte und dem ein ehrliches Begräbnis nicht versagt blieb. Aber sterben mußte ein solcher Mann.

Gerade diese Raufhändel führten oft zu der interessanten Sonderform des Frankfurter Strafprozesses, jenem einem Zivilprozeß ähnlichen fiskalischen Prozeß, einem Verfahren, in welchem sich öffentlicher oder privater Ankläger und Angeklagter als gleichberechtigte Parteien vor dem Schöffengericht gegenüber standen und bei welchem strenge Formen beachtet wurden.

Ein aufsehenerregender Fall dieser Art, hervorstechend

vor allem wegen des vornehmen Standes der Parteien, ereignete sich in den Jahren 1617-1618.

In der Karwoche des Jahres 1617 war Herr Georg von Ebeleben, kurpfälzischer Rat aus Oppenheim, im Gasthaus Wolfseck zu Frankfurt abgestiegen. Am 16. April besuchten einige fränkische Edelleute ebenfalls dieses Lokal. Veit Ulrich von Thüngen, ein Herr aus einem bedeutenden fränkischen Adelshaus, kommt ins Gespräch mit Georg von Ebeleben. Man unterhält sich gut, und der Wein mag das Gespräch belebt haben. Schließlich schlägt diese freundliche Stimmung zu Aller Unglück um. Es kommt zu einem Wortwechsel, die Gemüter erhitzen sich immer mehr bis endlich der Ritter Veit Ulrich von Thüngen den Degen zieht und seinen unbewaffneten Gesprächspartner niedersticht. Der Schwerverletzte wird zu Bett gebracht, Barbiere und Ärzte bemühen sich um ihn. Herr Veit Ulrich erkennt, was er getan hat. In der Kleidung seines Dieners sucht er aus der Stadt zu entkommen, wird aber erkannt und in das Hospital, das Gefängnis für vornehme Häftlinge, gebracht.

Die Barbiere und Wundärzte halten die Wunden des Verletzten für lebensgefährlich. Eine Kutsche wird eilends nach Oppenheim geschickt, sie bringt die Frau des Verletzten an dessen Totenbett. Nach wenigen Tagen stirbt Georg von Ebeleben im Beisein seiner Frau, vorher hat er das heilige Abendmahl empfangen und seinem Mörder vergeben. Die Leiche wird nach Oppenheim überführt. Der Rat der Stadt gibt bis zum Tor das Trauergeleite.

Alsbald wird nun ein peinlicher Prozeß gegen Veit Ulrich von Thüngen eingeleitet, der sich eineinhalb Jahre hinzieht. Die Bestellung des Oberstrichters zum öffentlichen Ankläger erübrigt sich, weil die Witwe des Ermordeten die Sache durch einen Anwalt betreiben läßt. Als Gericht fungiert auch nicht wie beim normalen Inquisitionsgericht der ganze Rat, vielmehr der Schöffenrat als Schöffengericht unter dem Vorsitz des Stadtschultheißen.

In der ersten öffentlichen Sitzung, zu welcher auch der Angeklagte vorgeführt wird, verliest der Anwalt der Klägerin die peinliche Anklage. In ihr wird der Angeklagte des vorsätzlichen Mordes bezichtigt. Es wird darin auch vorgetragen, Veit Ulrich von Thüngen habe schon mehrere Seelen wegen ähnlicher Taten auf dem Gewissen. Zu diesen Anschuldigungen schüttelt der Angeklagte nur den Kopf. Auf seinen Wunsch wird er davon entbunden, zu den weiteren Verhandlungen in Person erscheinen zu müssen, der Ritter hat sich ebenfalls einen Anwalt genommen, der seine Sache führt.

Die Verwahrung des Gefangenen macht dem Rat einige Mühe. Zunächst hat man ihn im Kastenhospital in der Nähe der neuen Kräme untergebracht. Dem Spitalmeister aber ist dieser Gefangene unbequem, und er will auch nicht die Verantwortung für die Verwahrung übernehmen. So wird der Ritter auf den Bornheimer Turm in das „oberste Stüblein“ geführt. Er ist dort im Vergleich zu den sonstigen Verwahrungsgepflogenheiten noch sehr komfortabel untergebracht. Ein Wachtmeister bewacht und dessen Frau versorgt ihn. Allerdings wechselt die Unterbringung noch zweimal zwischen dem Bornheimer Turm und dem Kastenhospital.

Der Prozeß wird mit aller Sorgfalt geführt. Auswärtige Zeugen sind zu hören. Der Ratssyndikus reist zu diesem Zwecke eigens nach Gelnhausen. Und natürlich zieht sich der Prozeß in die Länge. Der Anwalt des Angeklagten mag hierin ein Mittel sehen, das Leben seines Mandanten noch für einige Zeit zu erhalten. Endlich, nach eineinhalb Jahren, wird der Prozeß als entscheidungsreif angesehen. Wie in solchen Fällen üblich, holt das Gericht Gutachten juristischer Fakultäten auswärtiger Universitäten ein. In diesem Falle sind die Richter besonders sorgsam und fordern Rechtsgutachten von den Universitäten Heidelberg, Gießen, Köln und Tübingen an. Die Gutachten äußern sich übereinstimmend dahin, der Angeklagte habe sein Leben verwirkt und sei mit dem Schwert hinzurichten.

Das Gericht beschließt ebenfalls diese Strafe und setzt als „endlichen Rechtstag", den Tag der feierlichen Urteilsverkündung, den 21. November 1618 an. Da sich die Vollstreckung des Urteils unmittelbar an die Verkündung anschließt, will man dem Angeklagten auf der einen Seite Gelegenheit geben, seine Angelegenheiten zu ordnen und den Trost der Kirche zu empfangen. Auf der anderen Seite aber soll der feierlichen Urteilsverkündung nicht vorgegriffen werden. So beschränkt man sich auf Andeutungen, die den armen Angeklagten sozusagen zwischen Tod und Leben hin und her reißen. Einige Tage vor dem Urteilstermin schicken die Schöffen den Oberstrichter zu dem Angeklagten, der dem Ritter seiner Instruktion entsprechend eröffnet, er müsse zu der feierlichen Urteilsverkündung selbst erscheinen und möge seine Angelegenheiten so ordnen, daß er bereit gefunden werde, falls das Urteil gegen ihn ausfallen möchte. Auf diese Andeutungen hin wird der Angeklagte begreiflicherweise recht kleinmütig. Der Wachtmeister spricht ihm Mut zu und rät, sich zunächst ein wenig zur Ruhe zu begeben. Auch die weiteren Vorgänge müssen den Angeklagten darüber belehren, wie seine Sache steht. Der Rat beordert zwei Geistliche zu dem inhaftierten Ritter. Diese sprechen ihm gut zu, können sich aber auch nur in Andeutungen ergehen. Der Ritter bittet um den täglichen Besuch der Geistlichen. Zwei Tage vor dem endlichen Rechtstag macht er sein Testament: Die Geistlichen werden mit 50 Gulden bedacht, der Wachtmeister ebenfalls. Die Frau des Wachtmeisters, die Veit Ulrich von Thüngen während der Haft versorgt hat, erhält dreißig Gulden, und sogar dem Söhnchen des Wachtmeisters werden zehn Gulden ausgesetzt. Am Tage vor dem Gerichtstag erscheinen wiederum die Geistlichen. Der Angeklagte ist verzweifelt, ihm ist nun zur Gewißheit geworden, daß es ihm an das Leben geht. Trotzdem will er alles mit Geduld tragen, er bittet „mit vielen Seufzern“ um das heilige Abendmahl, das ihm von den Geistlichen gespendet wird.

Der Gerichtstag bricht an. Schon um fünf Uhr in der Frühe wird Veit Ulrich von Thüngen von dem Wachtmeister und einigen Soldaten in die Ackergerichtsstube des Römer gebracht. Die Geistlichen und einige Freunde sind bei ihm. Vor dem Römer wird nun durch die Zimmerleute neben dem Gerechtigkeitsbrunnen das Blutgerüst errichtet. Es ist etwa 1,50 m hoch, ziemlich breit und mit einem Geländer umfriedet. Auf der dem Römer zugekehrten Seite hat es eine breite Treppe. Das Gerüst wird mit schwarzem Leinentuch bedeckt und darauf ein schwarzer Stuhl mit Lehne gestellt, der für diesen makaberen Zweck angefertigt worden ist. Gegen neun Uhr kommen auch die Verwandten des Angeklagten und sein Verteidiger zum Römer. Sie sehen das aufgeschlagene Blutgerüst und wissen nun, was zu erwarten ist. Noch einmal versucht der Verteidiger mit allen Mitteln, seinen vornehmen Mandanten zu retten. Er protestiert heftig und beeindruckt das Gericht mit vielen Argumenten. So erreicht er es tatsächlich, daß sich die Richter, die schon zur Verkündung des Urteils erschienen sind, nochmals zur Beratung zurückziehen. Sie erscheinen aber bald wieder, und der Schultheiß als Vorsitzender erklärt lakonisch, das Vorbringen des Verteidigers sei verspätet und laufe wider den Prozeß, es sei auch zu berücksichtigen, daß der gegnerische Anwalt die Sache bereits abgeschlossen habe. Hierauf läßt der Schultheiß durch den Gerichtsschreiber das Todesurteil verlesen und bricht den Stab. Als der Verteidiger nochmals das Wort ergreift und für seinen Mandanten plädieren, Berufung einlegen will und die Einholung eines weiteren Rechtsgutachtens fordert, erheben sich die Richter und verlassen den Gerichtssaal. Die Vollstreckung des Urteils wird ohne weiteres angeordnet.

Man bewilligt dem Verurteilten noch zwei Stunden, in denen er an seine Frau schreiben kann. Veit Ulrich von Thüngen bittet das Gericht, man möge ihm gestatten, seine Kleider und seinen Ring zu behalten und ihm ein ehrliches Begräbnis zu bewilligen oder den Leichnam seiner Frau zu überliefern. Auch möge ihn der Scharfrichter nicht berühren. Diese billigen Wünsche werden respektiert.

Auf dem Römerberg hat sich inzwischen eine riesige Volksmenge versammelt. Soldaten müssen um das Gerüst Ketten spannen, um den Andrang abzuwehren. Mit ihren Hellebarden halten sie einen Gang zum Römer hin frei. Gegen zwölf Uhr wird der Delinquent hinausgeführt. Der

Wachtmeister geht voran, die Geistlichen führen ihn in ihrer Mitte. Als Veit Ulrich das Blutgerüst und die gaffende Menge erblickt, packt ihn kaltes Entsetzen. Aber er faßt sich rasch wieder, verabschiedet sich mit Handschlag von den Soldaten und besteigt mutig das Blutgerüst. Dort spricht er eine Weile mit den Geistlichen, legt Mantel und Hut ab und bittet jedermann, ein Vaterunser für ihn zu beten. Er selbst betet ebenfalls und winkt dann dem Wachtmeister, dem er Mantel und Hut übergibt. Sodann legt Veit Ulrich von Thüngen Wams und Koller ab, setzt sich auf den Blutstuhl, verbindet sich die Augen und erwartet mit ineinander gekrampften, von sich gestreckten Händen den tödlichen Streich. Man winkt dem Scharfrichter, der beiseite neben dem Blutgerüst gestanden hat. Der eilt auf das Gerüst und vollendet schnell sein grausiges Werk.

Einige der üblichen Zeremonien wie das Schlagen der Armsünderglocke sind unterblieben, ebenso die Frage des Scharfrichters, ob er recht gerichtet habe. Veit Ulrich von Thüngen hat seine Tat gesühnt und ist nun wieder ein Ritter, dem man die ihm gebührende Ehre erweist: Acht Soldaten in Trauermänteln begleiten mit nach unten gekehrten Spießen den Transport des Leichnams in die nahe gelegene Nikolai-Kirche. Auch auf diesem kurzen Wege geben Reiter das Ehrengeleit. Einige Tage später wird der Leichnam in das Stammschloß des Ritters überführt, freilich erst nach Bezahlung aller Schulden, Kosten und Auszahlung der Legate.

Der Fall dieses vornehmen Missetäters und die Hinrichtung haben großes Aufsehen erregt. So darf der Meister Ludwig Schimmel, der dieses grausige Ereignis als früher Bildreporter der Sensationspresse in Holz geschnitten hat, für sein Blatt guten Absatz erwarten. Allein der Rat verweigert die Druckgenehmigung.

Dem Rat aber ist wegen dieses Prozesses und insbesondere wegen der Vorkommnisse bei der Urteilsverkündung gar nicht wohl. Er versendet deshalb die Akten nochmals unter Schilderung der Vorgänge an die bereits konsultierten Juristenfakultäten. Die Rechtsgutachten sind für den Rat ebenso niederschmetternd wie für uns verwunderlich: Die gelehrten Fakultäten stellen fest, daß ein Strafurteil niemals rechtskräftig werde, da die Richter ihre Entscheidung jederzeit aufheben oder ändern können. Folglich, so führen die Gutachten aus, könne die Verteidigung auch jederzeit neue Tatsachen vorbringen und Anträge stellen. In große Konflikte ließ sich der Rat allerdings trotzdem nicht bringen, denn für ihn waren die „wohlhergebrachten Bräuche" seiner Spruchtätigkeit das allein gültige Gesetz. Nur in künftigen Fällen, so entschied er, solle man auch nach der Urteilsverkündung eine weitere Verteidigung zulassen. Deren Erfolg aber hing auch wiederum von der Entscheidung der wohlweisen Herren des Rates oder Schöffenrates ab, kein Grund also, sich über diese Prozeßfrage besonders zu erregen.

DAS RECHT DES STÄRKEREN

(1625)

Bernhard Ebel hatte Grund, über den Frankfurter Rat und über den Schultheißen von Niedererlenbach erbittert zu sein. Ebel hatte auf Frankfurter Gebiet, nämlich in Niedererlenbach, vom Rate eine Mühle gepachtet. Außerdem waren dort größere Ländereien sein eigen gewesen. Auf Betreiben des Schultheißen von Niedererlenbach hatte der Rat um das Jahr 1610 die Pacht aufgekündigt und mit der Mühle zugleich auch die übrigen Ländereien Ebels eingezogen und verkauft.

Natürlich hatte sich Ebel zur Wehr gegen diesen Willkürakt gesetzt. Gegenvorstellungen blieben ohne Erfolg. Jahrelang betrieb er seine Sache vor den verschiedensten Stellen. So hatte er sich im Jahre 1613 an den kaiserlichen Kommissar gewandt, der während der Wirren des Fettmilch-Aufstandes in der Stadt geamtet hatte, — vergebens. Vergebens auch eine Klage vor dem Reichskammergericht. Das Gericht hatte zwar durchblicken lassen, daß Ebel Ansprüche habe. Es sah sich jedoch daran gehindert, eine Sachentscheidung zu treffen, da der Rat als Vertreter eines unabhängigen Gemeinwesens nicht von seinen Untertanen vor diesem Gericht verklagt werden konnte.

Bernhard Ebel wird über diesen Streitigkeiten ein alter Mann. Er ist von Niedererlenbach in kurmainzisches Gebiet verzogen, nach Obereschbach. Er hat nun gebeten, geklagt, opponiert, alle möglichen Stellen angegangen. Wenn alle diese legalen Wege ihm nicht zu seinem Recht verhelfen konnten, ist er dann nicht zur Selbsthilfe berechtigt? Gibt nicht die Frankfurter Reformation, dieses große Gesetzbuch der Stadt, selbst in diesem Falle das Recht zu gewaltsamen Vorgehen? Bernhard Ebel ist dieser Überzeugung, und die Zeit kommt ihm entgegen. Sein Sohn ist erwachsen geworden und wie der Vater zu jedem Akt der Selbsthilfe bereit. Aber noch ein anderer Umstand begünstigt den Entschluß zu gewaltsamer Tat. Der dreißigjährige Krieg ist ausgebrochen. Überall streunen Soldaten und Abenteurer herum, die für jedes Wagestück zu haben sind. Friedberg ist von kaiserlichen Truppen besetzt. An den Befehlshaber dieser Truppen wendet sich im Jahre 1621 Ebel. Mit Waffengewalt soll der Schultheiß von Niedererlenbach ergriffen und zur Ersatzleistung gebracht werden. Da die ganze Aktion von kaiserlichen Truppen vorgenommen werden soll, hat sie immerhin noch den äußeren Anschein der Legalität. Aber es kommt nicht zu diesem Eingriff. Der Plan wird in Frankfurt bekannt und muß deshalb aufgegeben werden.

Nun wird Ebert Ebel, der Sohn, zur treibenden Kraft. Aber wieder vergehen Jahre, ehe Entschluß und Gelegenheit zur Tat gereift sind. Ebert Ebel will den Schultheißen von Niedererlenbach, der Schuld an der Not und dem Elend der Familie Ebel hat, mit eigenen angeworbenen Leuten greifen und solange bedrohen, bis er ein dem Verlust angemessenes Lösegeld gezahlt hat. Bernhard Ebel hat gegen diesen Plan zunächst Bedenken, willigt aber schließlich doch ein und unterstützt das Vorhaben nach Kräften. Mit vier verwegenen Gesellen soll der Streich gelingen, und diese vier werden unter dem Kriegsvolk leicht gefunden.

Als der Schultheiß eines Tages im Mai 1625 von Niedererlenbach nach Frankfurt reitet, um für einen Rittmeister Befehle abzuholen, wird er auf kurmainzischem Gebiet von Ebert Ebel und seinen vier Kumpanen ergriffen. Eine Pistole wird ihm auf die Brust gesetzt, er wird gefesselt, und die Augen werden ihm verbunden. So wird der Schultheiß auf ein Pferd gesetzt und fortgeschleppt. In einem Wald wird der Gefangene an einen Baum gebunden. „Hörst Du, Du alter Dieb", fährt ihn Ebert Ebel an, „Du und Dr. Rasor, der Dieb, haben mich und meinen Vater um die Mühle gebracht. Deshalb bist Du jetzt hier. Ich sage Dir, Du sollst mir tausend Dukaten geben. Die werden Dir Deine reichen Hansen schon wieder gut machen. Wenn Du es nicht tust, so will ich eine Kompanie bestellen, die wird das Erlenbach plündern und in den Grund brennen! Du hast ja Geld genug, bei Deinem Vetter in Frankfurt zweitausend Taler und bei einem an der Bergstraße fünfhundert. Und wirst Du die tausend Dukaten nicht bis morgen erlegen, so wird Dich dieser Henker aufknüpfen!" Bei diesen letzteren Worten Ebels trat ein Kerl mit langen Haaren heran, zog Strick und Kette aus seinem Schnappsack und drohte: „Du, Alter, bringst Du bis morgen die tausend Dukaten nicht, so hänge ich Dich an den Baum, an den Du jetzt gefesselt bist." Dem Schultheißen verging Hören und Sehen. Zitternd schrieb er an seine Frau, sie möge die tausend Duakten auftreiben und bei Ebert Ebels Mutter in Obereschbach abliefern. „Datum zwischen Berg und Tal, auf einem steinernen Tisch."

Den Brief läßt Ebel sogleich der Frau des Schultheißen,

die sich in Obernhain aufhält, zukommen. Die Frau aber bringt zunächst einmal die Erlenbacher in Bewegung. Freilich langt es bei denen nur dazu, nach Obernhain zu kommen und dort im Wirtshaus zu beraten, was man tun könne. Da kommt „durch sonderbare Fügung Gottes" der Quartiermeister von Steinbach mit einigen Reisigen nach Obernhain. Er ist dabei, einige gestohlene Kühe wieder herbeizuschaffen. In der Schenke findet er die zechenden Erlenbacher und fragt, was diese dort treiben. „Wir suchen den Schultheißen von Niedererlenbach", lautet die nach Ort und Umständen etwas merkwürdige Antwort. Der Quartiermeister wird über das Vorgefallene unterrichtet und nimmt sich der Sache an. Merkwürdigerweise kann der Wirt der Schenke angeben, wo der Schultheiß gefangen gehalten wird. Wirte hören eben viel, zumal wenn sich in unruhigen Zeiten allerlei Volk herumtreibt und die Soldaten in den Wirtshäusern zechen.

So wird denn Ebel mit seinen Gesellen von dem Quartiermeister und seinen Reitern leicht aufgespürt. Als der Trupp herangeritten kommt, fliehen Ebels Kumpane. Ebert Ebel versucht allein, Widerstand zu leisten, und bringt seine Pistole in Anschlag. Da Gegenwehr aber angesichts der Übermacht sinnlos ist, ergibt er sich und erklärt, er sei im Recht, denn er habe sich nur gegen ihm angetanes Unrecht gewehrt. Der Schultheiß wird befreit, Ebert Ebel in das Gefängnis zu Rotheim gebracht.

Als Bernhard Ebel von der Festnahme seines Sohnes hört, stellt er sich auch sofort. Er erklärt zur großen Verwunderung der Amtspersonen in Rotheim, sein Sohn solle freigelassen werden, denn er habe nur auf seine Anweisung gehandelt. Er, Bernhard Ebel, habe seinem Sohn befohlen, den Schultheißen von Niedererlenbach aufzugreifen, da sonst kein Recht mehr im Lande sei.

Bernhard Ebel wird nun auch verhaftet, und die beiden Festgenommenen werden alsbald nach Frankfurt gebracht. Dort verteidigen sie sich mit ihrem Recht auf Selbsthilfe. Wie der Schultheiß von Niedererlenbach bestätigen muß, hat er auch nach seiner Befreiung zum Vergleich einen Betrag von fünfhundert Talern angeboten, ein Zeichen dafür, daß er sich nicht im Recht fühlte. Solche Ausführungen beeindrucken den Rat indes wenig, der offenbar daran interessiert ist, diese lästigen Kläger zu beseitigen. Es wird ein Rechtsgutachten der juristischen Fakultät der Universität Marburg eingeholt. Dekan und Doktores der Fakultät lassen sich auf Grund der ihnen übermittelten Untersuchungsakten dahin vernehmen, „daß bemeldete beide Ebeln, Vater und Sohn, sofern sie vor einem öffentlich nach Kaiser Karl und des Heiligen Reichs Halsordnung gehegten Halsgericht ihre bereits gemachten Aussagen aufrecht erhalten, zur wohlverdienten Strafe und andern zum abscheulichen Exempel mit dem Schwert vom Leben zum Tode hinzurichten seien".

Der Rat folgt — sicherlich nicht ungern — diesem Gutachten und verurteilt den über siebzig Jahre alten Bernhard Ebel und seinen Sohn Ebert Ebel zum Tode durch das Schwert. Am 15. Juli 1625 werden beide Verurteilte am Rabenstein enthauptet. In der Tat: ein abscheuliches Exempel!

Der Hidalgo und die Mainschiffer

(1626)

Nicht nur niederes fremdes Kriegsvolk kam während des dreißigjährigen Krieges in die deutschen Lande. Auch mancher fremde Adlige wollte bei den Heeren sein Glück machen. In Kreuznach lag im Jahre 1626 ein spanisches Regiment in Quartier, das zu einem Truppenkontingent des Landgrafen von Hessen gehörte und unter dem Befehl des Don Guillemo Verdugo stand. Dieser Truppe gehörte ein spanischer Edelmann mit dem klangvollen Namen Don Augustin de Anaya Ponce de Leon an.

Am 26. Juli 1626 wollte dieser Adlige nach Frankfurt reisen und von Höchst aus das Marktschiff benutzen. Dieses Schiff verkehrte — man kann sagen jahrhundertelang — täglich zwischen Frankfurt und Mainz. Es handelte sich bei diesem Fahrzeug um einen Treidelkahn, ein Schiff also, das am Ufer von Pferden gezogen und von den Schiffsknechten mit Stangen im Fahrwasser gehalten wurde. Dieses Schiff also wollte Ponce de Leon mit seinem Pferd in Höchst besteigen. Er hatte jedoch Pech: Der Kahn hatte gerade abgelegt und strebte dem anderen Ufer zu, an welchem der (heute stellenweise noch erkennbare) Treidelpfad für die Pferde verlief. Die Schiffsknechte riefen dem Fremden zu, er möge sich übersetzen lassen, dann könne er noch auf das Schiff kommen. Ponce de Leon folgte dieser Aufforderung. Am anderen Ufer hielt er die Treidelpferde an und begehrte, man solle ihn nun in das Schiff lassen. Mag sein, daß dieses eigenmächtige Anhalten der Pferde die Schiffsknechte ärgerte, jedenfalls lehnten sie es nun ab, den Spanier auf das Schiff zu lassen. Sie riefen ihm zu, er möge die Pferde loslassen. Hierdurch wiederum mußte sich Ponce de Leon gefoppt fühlen, denn er hatte sich ja eigens auf den Rat der Schiffsleute übersetzen lassen, um noch mitgenommen zu werden. So hielt er denn die Treidelpferde weiter am Halfter fest. Da sprang der Reitknecht, welcher auf einem der Pferde ritt und diese zu leiten hatte, ab, rannte zum Wasser, sammelte dort Steine und bewarf damit den Spanier. Er erzielte blutende Treffer. In begreiflicher Empörung zog Ponce de Leon blank und stürzte sich auf den Reitknecht. Der jedoch stand noch im Wasser und wurde von den Schiffsknechten mit deren langen Stangen beschützt. Einer der Schiffsknechte schlug den Fremden mit seiner Stange eine weitere blutige Wunde. Schließlich kam der Schiffsführer in einem mitgeführten Nachen an das Ufer und forderte den Spanier auf, er möge nunmehr in das Schiff kommen. Ponce de Leon hatte hierzu nun keine Lust mehr, wollte sich wohl auch nicht den robusten Schiffsknechten in die Hand geben. Zudem aber wollte er auch noch mit dem Reitknecht abrechnen. Das Schiff fuhr also weiter. Ponce de Leon blieb bei den Treidelpferden und führte sein eigenes Pferd am Halfter. So kam man schließlich auf die Höhe von Sachsenhausen. Der Reitknecht saß wieder auf seinem Pferd und meinte wohl, die Lage habe sich beruhigt. Da stürzte sich plötzlich der Spanier mit gezogenem Degen auf ihn. Der Stoß verfehlte jedoch sein Ziel und traf das Pferd. Schnell sprang der Knecht ab, brachte die Treidelpferde zwischen sich und den Angreifer und sprang zum Wasser, um wieder Steine zu sammeln und zu werfen. Ponce de Leon setzte ihm nach. Der Reitknecht warf Steine, sprang aus dem Wasser und wieder hinter die Pferde. Als ihm der Spanier folgte, wollte er wieder zum Wasser springen, um neue Steine aufzulesen. Da stolperte er über eines der Schiffsseile, wurde eingeholt und von dem erbosten Spanier erstochen. Der Täter lief schnell zur Schaumainpforte, um in der Stadt zu entwischen. Zu seinem Unglück war aber diese Pforte verschlossen. Einige Fischer, die den ganzen Vorfall mit angesehen hatten, nahmen ihn fest und lieferten ihn der Obrigkeit in Verhaft. Nach Feststellung des Sachverhalts durch Verhöre des Angeklagten und der Zeugen kam der Rat alsbald zu dem Schluß, daß Augustin Ponce de Leon als Totschläger mit dem Schwert hinzurichten sei.

Inzwischen aber war ein Schreiben des Don Verdugo eingegangen, das sich für den Verhafteten einsetzte. Es hieß darin, der Angeklagte sei ein Soldat der kaiserlichen Majestät und des Landgrafen von Hessen, die Herren würden Don Verdugo eine hochansehnliche Courtoisie und Guttat, dem Angeklagten aber Gnade erweisen, wenn sie ihm die Strafe erlassen würden. Jedenfalls aber, hieß es weiter, möge die Exekution aufgeschoben werden, bis der Landgraf zu dem Fall Stellung genommen habe.

Der Rat wollte sich jedoch in seine Blutgerichtsbarkeit nicht hineinreden lassen. Nur zu geringfügigem Entgegenkommen zeigte er sich bereit. Dabei war die größte Vergünstigung, daß man dem Verurteilten, falls er darauf bestehe, nicht einen evangelischen, sondern einen katholischen Geistlichen zuordnen wollte. In allen anderen Fällen ließ der Rat nur protestantische Geistliche zu, die andersgläubige Verurteilte zum Glaubenswechsel zu bringen suchten. Schließlich sollte Ponce de Leon nicht durch Berührung des Scharfrichters unehrlich gemacht werden und ein ehrliches Begräbnis erhalten.

Zunächst aber versuchte man, aus dem Spanier einen Protestanten zu machen. Dieser Versuch schlug natürlich fehl, der Verurteilte protestierte mit Entschiedenheit. So wurde der Dekan von St. Bartholomäus unterrichtet. Er ordnete Ponce de Leon zwei katholische Geistliche zu, die ihn am Morgen der Hinrichtung, am 11. August 1626, im Katharinenturm aufsuchten und das Abendmahl in katholischer Form mit ihm vollzogen. Die Geistlichen blieben bei ihm bis er zum Turm hinab zur Hinrichtung geführt wurde, die unweit auf dem Platz an der Hauptwache stattfinden sollte. Dort hatten Soldaten einen Ring gebildet, in welchen der Verurteilte ungefesselt schritt. Die Geistlichen durften allerdings nicht folgen. Ponce de Leon erhielt jedoch auch in dem Ring Zuspruch durch einen italienischen Einwohner der Stadt. Frei und ungebunden empfing Don Augustin Ponce de Leon den tödlichen Streich des Scharfrichters, der ihn nicht anders als mit dem Schwert anrühren durfte. Der Leichnam wurde auf einen ordentlichen Leichenwagen und nicht auf den Schinderkarren gelegt und zum Gutleutfriedhof gebracht.

Alsbald erhielt aber auch Don Verdugo von der Hinrichtung Nachricht und schickte sogleich dem Rat einen entrüsteten Brief. Der Rat zog sich mit Geschick aus der Affäre: Er habe wegen seines obrigkeitlichen Amtes nicht anders handeln können, als wozu er „nach göttlichen und weltlichen Rechten sonderlich des heiligen römischen Reiches peinlicher Halsgerichtsordnung schuldig und verbunden gewesen sei". Und natürlich hebt der Rat in seinem Antwortschreiben die dem Verurteilten gewährten Vergünstigungen besonders hervor.

Ponce de Leon gehört zu den wenigen Verurteilten, die ein Testament errichten durften. Allerdings hat es der Rat nicht dem Wunsche des Delinquenten entsprechend an Don Verdugo weitergeleitet. Es befindet sich noch heute in den Akten und lautet in der Übersetzung:

„Im Namen des Vater und des Sohnes und des Heiligen Geistes und der Jungfrau Maria!

Ich, Don Augustin de Anaya Ponce de Leon, gebürtig aus der Stadt Marchena und Sohn des Don Juan de Anaya und der Donna Maria Ponce de Leon, durch den Spruch des Magistrats der Stadt Frankfurt zum Tode verurteilt, mache folgendes Testament:

Meinen Körper übergebe ich der Erde und die Seele meinem Schöpfer, unserm Herrn Jesus Christus. Alle meine Habseligkeiten in Marchena und an anderen Orten vermache ich den Armen; sie mögen zum Wohle meiner Seele Gutes tun. Außerdem bitte ich Don Guillemo Verdugo untertänigst, dieses Schriftstück nach Spanien zu schicken an die Herzogin Usuna Donna Catalina de Rivera.

Und da es mein übles Geschick will, bitte ich alle, die dieses Testament lesen, für meine Seele zu beten und meinen Landsleuten zu sagen, wie ich hier unter den Lutheranern ohne Gnade sterben muß. Gegeben in Frankfurt zu Ende meines Lebens am 21. August des Jahres 1626."

Die im letzten Satz ausgesprochene Bitte des armen Spaniers sei hiermit in der Hoffnung erfüllt, daß diese Zeilen auch einigen Spaniern zu Gesicht kommen.

Das Doppelleben des Barthel Grünich

(1635-1637)

„Wer unter die Räuber fällt, der macht die Taschen zu", lautet ein alter Spruch. Im dreißigjährigen Krieg war ganz Deutschland von Raubgesindel überzogen. Wo war da noch Sicherheit für Geld und Gut zu finden. Allenfalls in bedeutenden Städten, wenn man mit deren Oberen gute Beziehungen unterhielt. So durfte man den Rat von Frankfurt für fähig halten, bedeutende Wertsachen wenigstens vor dem Zugriff der kleinen Räuber zu bewahren, und das war immerhin etwas in jenen unruhigen Zeiten. So wurden im Winter 1635 im Römer Schmucksachen und Ehrengaben von außerordentlichem Wert eingeliefert und dort in der Registratur in einer schweren Truhe verwahrt. Es waren überaus köstliche Dinge, die da angekommen waren, eine Rose aus Diamanten, ein diamantenbesetztes goldenes Herz, Schlag-Uhren, goldene Spangen, Ketten und Armbänder, Perlen und Korallen, ja sogar ein silberbeschlagener Türkensäbel.

Das Unglück wollte es, daß gerade, als diese Schätze im Römer eingeliefert wurden, dort ein Weißbinder tätig war, der seit Jahren ein Doppelleben führte. Man kannte ihn als braven Bürger und Handwerker aus Sachsenhausen. Derselbe Mann aber verübte seit Jahr und Tag höchst erfolgreich Einbrüche, mit denen er selbst das Haus seines Nachbarn nicht verschonte. Bot sich einem solchen Kerl nicht hier die Chance seines Lebens? Was war gegen eine solche Beute schon der Ertrag seiner bisherigen Einbrecherlaufbahn! Was war dagegen Schmuck und Gold, die Beute früherer Einbrüche in der Judengasse und im Haus der Deutschherren. Diese Überlegungen mögen Barthel Grünich, den Weißbinder und Bürger zu Sachsenhausen, geleitet haben, als er durch das Schlüsselloch die Schatztruhe sah. Daß der Rat einem solchen Dieb mit allen Mitteln nachspüren werde, und daß die Verwertung der Beute in Frankfurt gefährlich sein könnte, das kümmerte ihn offenbar wenig. Der Diebstahl schien einfach zu bewerkstelligen, und Barthel Grünich hatte denn auch leichtes Spiel: Im Römer war der Weißbinder bekannt und hatte, da er dort gerade arbeitete, Zugang. Es fiel auch nicht auf, daß er an einem Tag im Winter 1635/36 seinen Arbeitsplatz am Abend nicht verließ. So hielt er sich verborgen und ließ sich einschließen. Um Mitternacht öffnete Grünich mit selbst verfertigten Nachschlüsseln Tür und Truhe und reichte die Kostbarkeiten seiner Frau Barbara zum Fenster hinaus. Zum Schluß kletterte er selbst ins Freie.

Ich habe zwar das Protokoll von der Ratssitzung des nächsten Tages nicht gelesen. Man kann sich aber unschwer vorstellen, was die Herren des Rates empfanden, als ihnen das anvertraute kostbare Gut durch Diebstahl verloren ging. In dem späteren Gutachten der Syndici des Rates wird hervorgehoben, daß dieses Bubenstück die Stadt weit und breit in Mißkredit und Schwierigkeiten gebracht habe. Was mußte man aber auch von einem Stadtregiment halten, das sich Treuhandgut aus dem eigenen Rathaus stehlen ließ.

Natürlich wurde mit allen — letztlich aber doch sehr bescheidenen — Mitteln gefahndet. Dieb und Beute blieben trotz emsigen Suchens und Forschens verschwunden. Und mit der Zeit schwand mehr und mehr die Aussicht, auch nur einen Schimmer des verschwundenen Glanzes wieder zu sehen. Und dennoch: Nach Jahr und Tag findet sich eine Spur. Der Zufall, eine kleine Fundunterschlagung und der aufmerksame Münzmeister helfen dem Rat weiter.

Im Februar 1637 nämlich liefert der Münzmeister zwei Stücke Gold als verdächtig ab. Ein Ratsherr erkennt in diesen goldenen Platten Teile einer Ehrenkette wieder, die damals gestohlen worden ist. Die Kette war in Frankfurt gearbeitet worden, und auch der Goldschmied bestätigt die Zugehörigkeit dieser Goldplatten zur großen Schönberg-Kette. Das Gold hat Jakob Jud zum Dattelbaum an die Münze geliefert. Jakob hat es von einem Goldschmied erworben, und dieser wiederum hat es vor zwei Monaten für drei Taler und fünf Batzen von einem Barbier-Jungen aus Bornheim gekauft. Dieser Junge ist bald gefunden. Doch dieser Michel Thoma redet erst einmal herum. Er will das Gold von seinem Meister bekommen haben, und dieser habe es von einem Soldaten für eine Heilbehandlung erhalten. Der Meister aber weiß von all dem nichts. Nach seinem Wissen hat der Junge das Gold von seinem Bruder, einem Mönch, geschenkt bekommen. Diese Widersprüche lassen Michel Thoma zunächst einmal in den Katharinenturm wandern. Man wird ihn zum Sprechen bringen, notfalls mit der Folter, die nach damaligem Recht und Gesetz und nach den Indizien nunmehr der nächste modus procedendi gewesen wäre. Dazu kommt es aber nicht, der Barbier-Junge rückt von selbst mit der Wahrheit heraus. Das Gold hat er im Stroh des

Bettes gefunden, in welchem ein Weißbinder aus Sachsenhausen nach der Behandlung durch den Barbiermeister geschlafen hat. Der Junge ist sehr verwundert gewesen, daß der Weißbinder auch daneben noch so viel Geld hatte. Die Geschichte mit dem Mönch hat Michel erfunden, weil ihm sonst der Meister das Gold abgenommen hätte.

Auch der Weißbinder ist schnell festgestellt. Barthel Grünich wird vor den zuständigen Ausschuß des Rates geladen. Ehe er sich aber stellt, versteckt er alle Wertsachen, die er noch aus dem Diebstahl hat, im Ofen. Vor den Deputierten des Rates spielt Barthel zunächst den völlig Ahnungslosen. Als man ihm aber die Aussage des Barbierjungen vorhält, erzählt er folgende Geschichte:

Vor Jahren habe er einen schwedischen Soldaten und Marketender beherbergt, der habe ihm das Gold und auch andere Sachen verkauft. Der Name des Soldaten ist Barthel natürlich entfallen, und es versteht sich auch fast von selbst, daß der Soldat inzwischen gestorben ist. Weiter erzählt Grünich, er und seine Frau haben einen Teil dieser Sachen an den Gevatter Fichelmann verkauft.

Mit dieser Geschichte kann Barthel bei den Ratsdeputierten natürlich keinen besonders günstigen Eindruck machen. Auf der anderen Seite aber wollen diese mit einem ihrer Bürger auch nicht gleich gar zu hart umspringen. So wird Barthel Grünich zwar verhaftet, zunächst aber nicht in den Katharinen-Turm gesperrt, vielmehr in die nahe dabei gelegene „Bürgerliche Custodia" gebracht, in das Schuldgefängnis, das eine wesentlich mildere Form der Verwahrung darstellt. Der Rat sollte Anlaß haben, diese Maßnahme zu bereuen. Indes gehen zunächst die Vernehmungen weiter. Grünichs Frau wird vernommen. Dem

Gastwirt Fichelmann wird aufgegeben, mit den damals erworbenen Sachen zu erscheinen.

Barbara Grünich bestätigt die Angaben ihres Mannes. Sie äußert sich aber etwas zurückhaltend. Sie weiß nicht, ob ihr Mann von dem schwedischen Marketender geprägtes oder ungeprägtes Gold erworben hat. Man dringt auch nicht weiter in sie, sondern schickt sie zunächst wieder nach Hause, nachdem sie sich mit einer Haussuchung einverstanden erklärt hat. Diese Haussuchung wird durch einen Büttel vorgenommen und verläuft völlig ergebnislos. Interessant aber sind die Gegenstände, die der Gastwirt Fichelmann abliefert: einen Löffel und einen Becher aus Gold, einen Teil einer goldenen Rose und ein anderes Schmuckstück mit 16 Diamanten. Die Zugehörigkeit dieser Stücke zu dem entwendeten Treuhandgut ist eindeutig.

Barbara Grünich wird nochmals vernommen. Sie sagt aus, nun sie die Sachen vor sich sehe, erinnere sie sich. Den Löffel soll ihr der Soldat geschenkt haben. Der Becher soll schon lange ihrem Mann gehört haben, die Rose aber habe dieser von einem anderen fremden Soldaten gekauft. Darauf wird Barbara Grünich wieder entlassen.

Der ältere Bürgermeister gibt nun den Vorstehern der Judenschaft auf, öffentlich in der Judengasse bekannt zu machen, ein jeder Jude habe bei Strafe des Verlustes seines Aufenthaltsrechtes, der Stättigkeit, und gegebenenfalls bei Leibes- und Lebensstrafe alle Sachen abzuliefern, die er von Barthel Grünich gekauft habe. Schon am Nachmittag hat dieser Aufruf Erfolg. Es wird ein glatt geschlagenes Stück Gold abgeliefert, das ebenfalls von der großen Schönberg-Kette stammt. Nun wird die Lage für Barthel Grünich kritisch. Der aber hat es vorausgesehen. Am nächsten Morgen um acht Uhr wird bekannt, daß Barthel Grünich aus seinem Gefängnis ausgebrochen und aus der Stadt geflohen ist. Sogleich wird Barbara Grünich wieder vernommen. Von dem Ausbruch ihres Mannes zeigt sie sich überrascht, um sechs Uhr habe sie die Stieftochter Ursula mit Käse und Brot zu ihrem Mann ins Gefängnis geschickt. Das Mädchen soll aber unverrichteter Sache zurückgekommen sein, weil angeblich auf das Klingeln niemand im Gefängnis gehört hat. Trotz scharfer Vorhaltungen leugnet Barbara jede Beteiligung an der Flucht ihres Mannes. Als ihr das aus der Judengasse abgelieferte Stück Gold vorgelegt wird, äußert sie, das habe sie weder bei ihrem Mann gesehen, noch auch bei dem Soldaten, der die anderen Sachen verkauft habe.

Barbara Grünich wird nun verhaftet, kommt aber zunächst zu milderer Haft in das Spital.

Nun wird Ursula Grünich, die Stieftochter, vernommen. Sie bestätigt die Angaben der Stiefmutter und kommt ebenfalls ins Spital in Haft. Weiter führt jedoch die Aussage der Dienstmagd. Die äußert sich zunächst dahin, daß sie keinen Lohn erhalte und in der Stadt betteln gehen müsse. Als Frau Grünich nach dem ersten Verhör wieder nach Hause gekommen ist, hat die Magd gesagt: „Ich bin froh, daß die Hausfrau wieder da ist." „Gott weiß, wie lange noch", hat Frau Grünich in sicherer Erkenntnis der Lage geantwortet. Um heraus zu bekommen, wer Barthel Grünich zur Flucht verholfen hat, wird nun das Mädchen gefragt, wer denn am Abend bei Grünichs gewesen sei. Der Schwiegersohn Jakob Rumpf mit seiner Frau, lautet die Antwort. Noch weiter hilft dem Rat die Aussage eines zweiten Schwiegersohns des Barthel

Grünich. Aus eigenem Antrieb nämlich, und um sich von der Gesellschaft Grünich zu distanzieren, meldet sich Veit Wiedmann. Von den Wertsachen weiß Wiedmann nichts zu berichten. Er hat nur von Nachbarn gehört, daß sich Barbara Grünich mit ihrem Reichtum gebrüstet habe. Später hat Wiedmann aber dann doch Schmucksachen zu sehen bekommen. Am Tage nach der Verhaftung Grünichs am frühen Morgen gegen vier Uhr sind die Schwiegermutter, Schwager und Schwägerin Rumpf zu ihm gekommen und haben eine große Anzahl Wertsachen zu ihm in Verwahrung geben wollen. Wiedmann hat gefragt, warum er diese Sachen denn verstecken solle und weshalb sie so angekohlt seien. Darauf erfuhr er, daß dies bei der Haussuchung geschehen sei, als die Stücke im Ofen versteckt lagen. Auf Anraten seines alten Vaters hat Wiedmann es abgelehnt, die Sachen an sich zu nehmen. Die Sachen sollten dann außerhalb vergraben werden, sind aber dann doch wieder in Grünichs Haus gebracht worden. Über die Flucht Grünichs weiß der Zeuge nichts zu berichten, darüber soll man seinen Schwager und dessen Frau befragen.

Sofort wird nun Jakob Rumpf vernommen. Nachdem man ihm — allerdings nur mit Worten — heftig zugesetzt hat, gesteht er, er habe von seinem Schwiegervater drei Taler bekommen und in dessen Auftrag dafür auf der Fahrgasse ein dreißig Klafter langes Seil gekauft. Das Seil hat Grünichs jüngste Tochter Margaretha dem Vater heimlich in das Gefängnis bringen können.

Rumpf wird verhaftet und in den Katharinen-Turm gesteckt.

Mit dem Seil hat sich Grünich aus einer Dachgaube des

Gefängnisses auf das Dach der Stiege hinuntergelassen. Von dort kletterte er in einen Garten am Marstall und dann über den Zaun ins Freie. Nach der Aussage Rumpfs hat Grünich die Stadt durch das Friedberger Tor verlassen. Angeblich wollte er nach Friedberg, sich dort einige Tage ausruhen und dann weiter davon machen.

Der Rat schreibt nun unter Schilderung der Tat eine Fahndung aus, schickt sie in die benachbarten Gebiete und bittet zugleich um Festnahme und Auslieferung des flüchtigen Verbrechers.

Nun nimmt man Ursula Grünich, die Stieftochter, wieder vor. Nach längerem Druck gesteht sie, daß ein Teil der Wertsachen im Stall vergraben ist. Dort werden sie auch durch einen Büttel in einem Topf aufgefunden. Es sind freilich nur spärliche Überbleibsel der vielen Wertstücke.

Da Barthel Grünich entwischt ist, konzentriert sich das Vorgehen gegen dessen Frau, die auch jetzt nicht zu einem Geständnis zu bringen ist. Es werden ihr die Daumenschrauben angelegt. Man kann aber auch auf diese barbarische Weise nichts aus Barbara Grünich herauspressen: „Fing hierbei ein solch Heulen und Geschrei an, daß man nichts ausrichten und sie im Hospital in Verwahrung nehmen mußte“, vermerken die Akten.

Am nächsten Tage aber wird das unmenschliche Verhör im Katharinenturm wieder aufgenommen. Man will aus Barbara Grünich ein konkretes Geständnis ihrer Beteiligung an dem Diebstahl herauspressen. Als dies nicht ohne Anwendung von Gewalt gelingt, wird Barbara das Wams ausgezogen, die Hände werden ihr auf den Rükken gebunden, und an diesen wird sie mit einer Winde in die Höhe gezogen. Unter den Qualen der ausgerenkten Arme bekennt Barbara, sie sei bei dem Diebstahl dabei gewesen, sei sogar mit in der Kammer gewesen, in welcher der Schmuck verwahrt war. Letzteres trifft aber offensichtlich nicht zu. Nun wird die Beschuldigte wieder herabgelassen. Jetzt aber leugnet sie wieder jede Beteiligung. Erneut aufgezogen gibt sie alles zu, was man ihr vorhält. Barbara Grünich bekennt auch, ihren Schwiegersohn Rumpf angestiftet zu haben, ihrem Manne zur Flucht zu verhelfen. Bei dieser Aussage bleibt sie auch bei der Konfrontation mit dem Schwiegersohn.

Am folgenden Tage, dem 1. März 1637, wird das Verhör unter der Folter im Katharinenturm durch die Ratsdeputierten Johann Schwind und Hans Heinrich zum Jungen und dem Syndikus Dr. Faust weitergeführt. Es geht vor allem darum, wenigstens weitere Teile der Wertsachen wieder herbei zu schaffen. Barbara Grünich wird vorgehalten, daß in ihren bisherigen Aussagen noch viele Lügen enthalten seien. Vor allem aber hält man ihr vor, innerhalb Jahresfrist hätte sie doch mit ihrem Mann nicht so bedeutende Werte bis auf die gefundenen kümmerlichen Reste durchbringen können. Wieder wird die Folter angedroht. Barbara entgegnet, sie wisse weiter nichts. Wüßte sie mehr, so würde sie mehr sagen. Sie sei unschuldig und man tue ihr Gewalt und Unrecht an. Sie könne nicht mehr bekennen, man mache mit ihr, was man wolle, sie müsse es eben erleiden.

Die nun folgenden Szenen zeigen, wie die unmenschlichen Vernehmungsmethoden die Beschuldigte völlig zerbrechen und ihr schließlich keinen anderen Gedanken lassen, als den Qualen für den Augenblick zu entrinnen.

Hierzu die Darstellung der Akten fast wörtlich und nur in unsere Schriftsprache übertragen: Hierüber wurde sie gebunden und aufgezogen. Wollte aber nichts weiteres wissen. Als man sie aber etwas hängen lassen, wollte sie alles bekennen und sagen, wo die Sachen hingekommen. Einen Teil habe ihr Mann in der Judengasse verkauft, bringt nun Barbara Grünich in ihren Qualen hervor, den anderen Teil aber, der fast die Hälfte ausmache, habe ihr Mann in einer Schachtel vergraben, man solle sie nur herunter lassen, so wolle sie den Ort zeigen. Als man die Gequälte herunterließ, erklärte sie wieder — und wahrheitsgemäß —, sie wisse von keiner Schachtel. Darauf wird sie wieder an den auf den Rücken gefesselten Händen hochgezogen und „eine gute Weile schwebend gelassen". Wieder erklärt Barbara verzweifelt, die Schachtel sei da und darin auch noch die Hälfte der großen Kette, sie wolle sogleich die Fundstelle zeigen.

Die Examinatoren brechen nun die Folter ab und lassen Barbara Grünich in ihr Haus nach Sachsenhausen führen. Hier zeigt die Frau im Garten eine Stelle. Man gräbt einen halben Mann tief, aber nichts findet sich. Auch alles weitere Suchen bleibt vergeblich. Die Ratsdelegierten und der Syndikus begeben sich wieder zum Katharinenturm. Dorthin soll auch die Beschuldigte gebracht werden. Man will mit ihr das „Verhör" fortsetzen.

Auf dem Wege zu neuer Folterqual stürzt sich Barbara Grünich, um ihren Leiden ein Ende zu setzen, in der Saalgasse in einen Brunnen. Sogleich aber läßt sich einer der Büttel an der Brunnenkette beherzt in den Brunnenschacht hinab. Die Leblose wird an einem Seil wieder heraufgezogen und auf dem Katharinenturm ins Leben zurückgerufen. Bei dem Sturz muß sich Barbara Grünich allerdings schwere Verletzungen zugezogen haben. Man verzichtet auf weitere Verhöre und liefert sie ins Spital ein. Barbara Grünich wird sich bis zu ihrem Ende nicht wieder erholen.

Inzwischen aber hat man auch den Haupttäter wieder fassen können. Barthel Grünich ist nach seiner Flucht nicht nach Friedberg entwichen, vielmehr in das kurmainzische Höchst. Er übernachtet eine Nacht im Engel, eine andere in der Rose. Dann wird er aufgespürt und auf Veranlassung des obersten Zollbeamten der Stadt festgenommen und im Schloß von Höchst eingesperrt. Vorher nahm man ihm jedoch die mitgeführte Barschaft von 14 Dukaten ab. Auch diese bleiben verschwunden. Der Rat erhält von der Wiederergreifung Grünichs durch den Amtmann von Höchst Kenntnis. Sogleich beginnt das Auslieferungsverfahren, denn Höchst ist ja kurmainzisches Ausland. So schreibt nun der Rat sogleich nach Höchst, man möge den Verhafteten gut verwahren, vor allem aber darauf achten, daß er kein Messer oder einen anderen Gegenstand behalte, mit dem er sich Schaden tun könne.

Die Stadtboten haben an diesem Tage viel zu tun, denn es läuft noch die Mitteilung des Schultheißen von Höchst ein, der zur Auslieferung zuständige oberste Zollbeamte, der auch die Verhaftung angeordnet hatte, sei verreist, der Rat möge daher die Auslieferung unmittelbar bei dem Kurfürsten beantragen, wenn er nicht die Rückkehr abwarten wolle. Umgehend schreibt daher der Rat an den Kurfürsten von Mainz. In dem Schreiben wird versichert, der Rat werde aus der Auslieferung keinerlei Rechte gegen den Kurfürsten ableiten — es soll also ein Präzedenzfall, der etwa eine Auslieferungspflicht begründen könnte, auf keinen Fall hier gegeben sein. Der Rat erkennt weiter an, daß die Auslieferung nur aus nachbarlichem Wohlwollen erfolgt. Schließlich verpflichtet sich der Rat, für die Unkosten der Haft aufzukommen und im Falle eines Freispruches dem Ausgelieferten den Urfehdeeid auch für etwa in Mainzer Gewahrsam erlittene Unbill abzuverlangen.

Wie man hieraus ersehen kann, war die Auslieferung von Verbrechern zwischen den deutschen Territorien weit weniger sicher und geregelt als dies heute zwischen fast allen Einzelstaaten der Fall ist. Natürlich erschwerte diese Lage die Verfolgung von Verbrechern außerordentlich. Innerhalb weniger Stunden konnte daher ein Missetäter zu Fuß und ohne Grenzformalitäten in das Ausland gelangen, und in wenigen Tagen konnte er sogar mehrere Staaten zwischen sich und die Tat legen. Nur zu oft lief ein flüchtiger Verbrecher schneller als die Auslieferungsverhandlungen. Immerhin aber gab der Kurfürst von Mainz im Falle des Barthel Grünich dem Auslieferungsersuchen sogleich statt.

Am Sonntag, dem 5. März 1637, wird Barthel Grünich also wieder in die Hände der Frankfurter geliefert. Hierüber berichtet der Ratsschreiber Andreas Scholler, der die Aktion leitet: Grünich wird von dem Schultheißen von Höchst unter Bedeckung an die Grenze gebracht und dem Ratsschreiber, der mit einem großen Aufgebot gekommen ist, unterhalb der Galgenwarte an den zwei Steinen beim Rebstock übergeben. Unter Anführung eines Offiziers wird der Gefangene von sechs Berittenen, zwei Bütteln und einem Trupp Soldaten in die Stadt eskortiert.

„Bei welcher Lieferung denn eine große Menge Volks, so mit hinausgegangen, gewesen, und sonst auch in der Stadt auf der Gassen, da er durchgeführt worden, gewartet und diesen großen Haupt- und Erzdieb sehen wollen, (da von einem solchen) zuvor niemals mehr gehört und gesehen worden", schließt der Bericht des Ratsschreibers.

Im Kerker des Brückenturmes an der Frankfurter Seite der Mainbrücke befand sich ein Stuhl, auf den die zum Tode Verurteilten gebunden wurden, damit sie nicht vor der Hinrichtung Selbstmord begehen konnten. Dorthin wird Grünich gebracht und auf diesen Stuhl, an Händen und Füßen gefesselt, gesetzt. Zugleich beginnt auch das Verhör. Da Leugnen nun sinnlos geworden ist, schildert Grünich die Tat in allen Einzelheiten. Nur eine Beteiligung seiner Frau und seiner Kinder leugnet er. Bei weiteren Vernehmungen an den nächsten Tagen räumt er ein, seine Frau habe einen Teil der Wertsachen an sich gebracht. Er selbst habe die Schmuckstücke in ungefähr zwanzig einzelnen Verkäufen in der Judengasse abgesetzt und dafür etwa fünfhundert Taler erlöst. Außerdem gibt Grünich seine weiteren Einbrüche zu.

Auch Barbara Grünich wird nun noch einmal verhört. Sie soll verraten, wo sie die übrigen Wertsachen versteckt habe. Sie beteuert nochmals, außer den bereits gefundenen Stücken sei nichts mehr vorhanden, darauf wolle sie das Heilige Abendmahl nehmen, man solle ihr um Gottes und des jüngsten Gerichtes willen glauben. Barbara gibt auch zu, daß sie ihrem Manne Teile der Diebsbeute entwendet habe. Ihr Mann habe nur zu jeder Zeit gefressen und gesoffen, so habe sie Angst gehabt, er werde alles vertun.

Nach einem Verhör wird Barthel Grünich in die Stube

zu seiner verletzten Frau geführt. Sie empfängt ihn mit folgenden Worten: „Bist du da, du ehrlicher Vogel, daß ich hier liege und solche Pein und Schmerzen leiden muß. Kannst Du sagen, daß ich noch etwas hab'. Aber wieviel Sachen hast du mit nach Mainz genommen?" Grünich äußert hierauf zu seinen Begleitern, sie sei unschuldig; nach Mainz habe er im vorigen Sommer nur eine mannslange dünne Goldkette und etwas Goldstaub verkauft.

Am 8. März werden die Verhöre abgeschlossen. Man fragt Grünich nochmals, ob dies nun die rechte Wahrheit sei und er darauf seines Urteils gewärtig sein wolle. Grünich bestätigt dies und bittet, es wolle ihm Gott und die liebe Obrigkeit gnädig sein. Sicher aber wußte er, daß er ein toter Mann war.

Die Akten werden den Syndici des Rates wie in Strafsachen üblich zur Begutachtung vorgelegt. Am 13. März erstatten sie ihr Gutachten. Es wird darin hervorgehoben, wie schwer und umfangreich die Diebstähle des Angeklagten gewesen sind, daß Grünich sogar aus den Diebereien ein jahrelang geübtes tägliches Gewerbe gemacht habe. Außerdem wird darauf hingewiesen, daß der Diebstahl im Römer einem Kirchendiebstahl gleichzusetzen sei und zugleich auch eine vorsätzliche Verletzung des Bürgereides darstelle, da durch diese Tat das Ansehen der Stadt in gröbster Weise verletzt worden sei. Die Ratsadvokaten halten dafür, „es solle diesem Barthel Grünich vor dem Römer zuforderst seine rechte Hand abgehauen, der Stumpf mit glühendem Eisen gebrannt oder sonst verbunden werden, damit er sich nicht verblute; derselbe solle aber folgends draußen mitten in das Kreuz des Galgens gehenkt werden, die Hand aber über ihn auf eine hohes Eisen gesteckt und er also anderen zum abscheulichen Exempel abgestraft werden".

Bei der Beurteilung des Verhaltens der Barbara Grünich wird zwar eingeräumt, sie sei nicht verpflichtet gewesen, die Diebstähle ihres Mannes anzuzeigen. Da es hierbei aber nicht verblieben sei, meinen die Ratssyndici, sie vielmehr ihrem Manne tätige Hilfe geleistet und Teile der Beute an sich gebracht habe, sei auch für sie die Regelstrafe, der Strang, verwirkt. Da aber „die Henkung von Weibspersonen dieser Orten nicht bräuchlich", soll Barbara Grünich mit dem Schwert hingerichtet werden.

Milder kommen die übrigen Helfershelfer davon: Jakob Rumpf, der an der Befreiung Grünichs aus dem Gefängnis und der Beseitigung des Schmuckes beteiligt war, soll mit der Haft im Katharinenturm genügend bestraft sein, da die Syndici nichts finden können, „wie ihm über die erlittene Turmstrafe ferner mit Recht beizukommen ist". Rumpfs Frau Margarethe und Ursula Grünich sollen die Haftkosten tragen und Urfehde schwören.

Der Rat folgt diesem Gutachten mit seinem Urteil in vollem Umfang.

Am nächsten Tag, dem 14. März 1637, wird dieser Spruch vollstreckt: Barthel Grünich wird auf einen Schinderkarren gesetzt. Dort wird ihm vor dem Römer die meineidige Schwurhand abgeschlagen. Sodann wird er zum Galgen hinaus gefahren und dort in das Kreuz gehängt, das den besonders schlimmen Dieben vorbehalten ist. Über dem Leichnam wird die abgeschlagene Hand aufgesteckt. Barbara Grünich wird wegen ihrer Verletzungen ebenfalls in einem Karren zum Hochgericht gefahren. Dort wird sie auf einem Stuhl sitzend enthauptet. Sie wird am Galgen verscharrt, während Barthel Grünichs Leiche wie üblich „andern zum abschreckenden Beispiel" am Galgen hängen bleibt.

Am 7. Juli 1638 aber meldet der Scharfrichter, der Leichnam sei vom Galgen abgerissen worden, der Körper liege am Hochgericht, der Kopf dagegen sei hängen geblieben. Man vermutet, daß dies mit Gewalt geschehen und die Kinder und Verwandten des Toten wenigstens dies Bild der Schande tilgen wollten. Gerade darum befiehlt der Rat, der Scharfrichter möge den abgerissenen Körper mit einer Kette unter den Armen wieder am Galgen aufhängen. So ahndet er seine Blamage noch an dem Leichnam und an den Hinterbliebenen, folgt damit aber zugleich auch dem, was damals durchaus für Recht gehalten wurde.

Hexenspuk

(1670-1671)

Noch vor Nürnberg kommt Frankfurt in deutschen Landen der echte Ruhm zu, daß hier kein Scheiterhaufen brannte, auf welchem dem Hexenwahn furchtbare Menschenopfer dargebracht wurden. Dies ist umso höher zu bewerten, als in der unmittelbaren Umgebung der Stadt zahlreiche Personen als Hexen oder Zauberer auf dem Scheiterhaufen endeten: Im Kurfürstentum Mainz toben Hexenverfolgungen seit 1590. In Dieburg sollen 1627, was kaum glaublich ist, 85 Personen der Hexenverfolgung zum Opfer gefallen sein. Im Fürstentum Fulda werden in den Jahren 1603 bis 1605 250 Hexen und Zauberer hingerichtet. In Darmstadt verbrennt man am 24. August 1582 zehn Verurteilte wegen Hexerei.

Daß finsterer Aberglaube solche Ausmaße annehmen könne und daß solchem grauenhaften Unfug Tausende von Menschen geopfert werden konnten, erscheint uns heute kaum glaubhaft. Aber auch heute sind gewiß nur wenige Menschen ganz frei von Aberglauben, und so festgefügt scheint mir auch heute nicht die Wand zu sein, die uns von solchen grauenvollen Vorgängen trennt. Immer wieder lesen wir auch heute noch von Hexenprozessen, Prozessen, in denen sich unschuldige Menschen vor dem Vorwurf schützen müssen, sie seien Hexen. Zwar brennen heute keine Scheiterhaufen mehr, aber viel zu oft hört man von Selbstmordfällen, bei denen sich Unglückliche und Ausgestoßene das Leben nehmen, weil man sie als Hexen verfemt hat. Auch sonst haben wir Menschen des zwanzigsten Jahrhunderts wenig Anlaß, es für unmöglich zu halten, daß törichten Vorurteilen und wahnwitzigen „Weltanschauungen“ unzählbare Blutopfer gebracht werden.

Man muß sich, um jene Hexenverfolgungen zu verstehen, auch vergegenwärtigen, daß der Glaube an Hexenkünste und Zauberei alle Schichten der Bevölkerung ergriffen hatte. Der Gelehrte glaubte an diesen Unfug ebenso wie der Taglöhner, der Hexenaberglaube erfaßte alle Länder und Bekenntnisse. Ja selbst die Unglücklichen, die als Hexen zum Feuertode verurteilt wurden, glaubten an Zauberei. Nie hört man davon, daß sie sich mit dem Argument verteidigt hätten, daß alle diese Beschuldigungen abergläubischer Unsinn seien, vielmehr ging es ihnen immer nur um den Nachweis, daß sie selbst keine Hexen oder Zauberer seien.

Der Glaube an diesen Zauberspuk war so stark, daß mancher wohl selbst an eigene Zauberkräfte glaubte. Man denke dabei etwa an die Erzählung des doch recht welterfahrenen Benvenuto Cellini, der in seiner Lebensbeschreibung einen ausführlichen Bericht über seine Hexenabenteuer liefert. Dunkle Elemente zogen aus dem Aberglauben durch Wahrsagerei, betrügerischen Spuk und aus dem Verkauf von Zaubermitteln erhebliche Gewinne, während auf der anderen Seite mancher Gerichtsherr, dem die Hinterlassenschaft der Hingerichteten zuviel, an solchen Verfahren auch materiell durchaus interessiert war.

Auch in Frankfurt haben freilich Verfahren wegen

Zauberei stattgefunden. Aber schon rein zahlenmäßig sind sie mit fünfzehn Fällen in den Jahren 1400 bis 1700 gering. Vor allem aber ist hervorzuheben, daß es in keinem dieser Fälle zu einem Todesurteil gekommen ist. In mehreren dieser Verfahren hatten es sich die Beschuldigten auch selbst zuzuschreiben, wenn sie die Verfolgung auf sich zogen. So werden beispielsweise 1675 die beiden Spengler Peter Buch und Johann Bißkamm ausgewiesen, weil sie sich um einen Hausgeist bemüht haben und Bißkamm seinem Stiefsohn Peter Buch zu diesem Zweck einen Brief an den „bösen Feind" diktiert hat.

In einigen Verfahren ist auch die Folter angewendet worden. So wird Katharina Krein 1541 bis 1544 unter dem Verdacht der Zauberei in Haft gehalten. Sie wird viermal schwer gefoltert, widerruft aber jedes Mal das ihr auf der Folter abgepreßte Geständnis.

Der erschütterndste und zugleich umfangreichste Hexenprozeß der Frankfurter Rechtsgeschichte ist der Fall der Elisabeth Burk, der in den Jahren 1670/71 den Rat beschäftigte.

Elisabeth Burk hatte mehrere Stiefkinder, darunter den acht Jahre alten Melchior und die dreizehnjährige Elisabeth. Diese beiden Kinder bezichtigen die Stiefmutter, sie habe sie vom bösen Feind taufen lassen. Die Kinder geben einen ausführlichen Bericht über die Taufe und ihre Zeremonien und erzählen ebenso eingehend von einem Hexenritt im Frankfurter Stadtwald.

Die Aussagen der Kinder zeigen in ihrer detaillierten Schilderung eine der trüben Quellen, aus welcher der Hexenwahn gespeist wurde, nämlich eine verderbte Phantasie in sexueller Hinsicht. Gewiß war der Schadenszauber einer der hochstrafwürdigen Fälle, unter welchem man das Wirken der Hexen und Zauberer sah und untersuchte. Aber mindestens im gleichen Umfang standen regelmäßig Fragen geschlechtlicher Beziehungen zum Teufel und seinen Geistern zur Debatte. Gerade diese Seite des Hexenwahns hat der berüchtigte Hexenhammer mit besonderer Ausführlichkeit behandelt und in ein wahrhaft teufliches System gebracht. Teufelsbuhlen und Buhlteufel, Hexentanz und Hexensabbat, Incuben und Sucuben sind die ekelhaften Erzeugnisse jener pervertierten Phantasie. Egon Friedell spricht die Vermutung aus, daß es sich bei den Hexenverfolgungen um eine Massenpsychose aus verdrängter Sexualität handele. Wenn man die aktenmäßige Schilderungen von Hexenprozessen liest oder selbst solche Akten studiert, dann erhält diese Vermutung starkes Gewicht.

Ein anderer Antrieb für Hexenprozesse waren gewiß aber auch die menschliche Niedertracht und Gemeinheit, eine Person, die man nicht leiden konnte, auf diese Weise zu beseitigen. Diese beiden Züge finden sich auch im Prozeß der Elisabeth Burk.

Die Angaben der beiden Kinder lassen an Deutlichkeit in der eben geschilderten Beziehung nichts offen. Sie sind widerlich. Aber gerade wegen dieser scheußlichen Ausführlichkeit aus dem Munde von Kindern mögen sie den Vernehmungsdelegierten des Rates, Dr. Trinkhausen, von der Schuld der Elisabeth Burk überzeugt haben. Einzelne Angaben werden auch von dem erwachsenen Stiefsohn der Beschuldigten bestätigt. So wird Elisabeth Burk verhaftet. Sie stellt natürlich die auf den phantastischen Aussagen der Kinder beruhenden Anschuldigungen in Abrede, und die kouragierte Frau läßt sich auch auf der Folter kein Geständnis erpressen.

Der Rat bewilligt der Beschuldigten Dr. Beckenstein als Verteidiger, der sich energisch für sie einsetzt. Als Gutachter des Rates sind Dr. Rasor und Dr. Stenglin tätig. Auf ihren Rat werden Gutachten der Universitäten Speyer und Straßburg eingeholt. Das Straßburger Gutachten erklärt die Aussagen der Kinder für Phantastereien. Man entschließt sich deshalb, die Kinder durch das Kollegium der Geistlichen zur Feststellung ihrer Glaubwürdigkeit vernehmen zu lassen. Diese Vernehmung leitet Spener, der Begründer der pietistischen Bewegung. Auf die Ermahnung des Geistlichen gestehen die Kinder schließlich, alle ihre Aussagen habe ihnen ihr erwachsener Bruder Nikolaus beigebracht. Angesichts dieses Ergebnisses rät Dr. Stenglin zur sofortigen Einstellung des Verfahrens. Dr. Rasor schlägt dagegen vor, die Kinder nochmals vor dem Rat zu vernehmen. Auch bei dieser Vernehmung geben die Kinder an, bei ihren Aussagen habe es sich um reine Erfindung gehandelt. Bei einer Konfrontation mit Nikolaus Burk halten sie jedoch zurück, so daß dieser Verbrecher nicht der verdienten Strafe zugeführt werden kann.

Die Kinder werden von dem Bettelvogt mit Ruten ausgestrichen. Elisabeth Burk wird nach langer Haft freigelassen, muß sich aber verpflichten, die Stadt für einige Zeit zu verlassen.

Daß in Frankfurt der Hexenaberglaube nicht auch blutige Opfer gefordert hat, ist das Verdienst der Geistlichkeit und der Ratssyndici. Das Predigerkollegium wurde in Hexenprozessen regelmäßig zu der Frage gehört, ob die Beschuldigte noch aus den Klauen des Teufels befreit werden könne. Die Geistlichen haben immer ein Gutachten abgegeben, das den Beschuldigten günstig war. Auch den städtischen Syndici darf nachgerühmt werden, daß sie in Hexenprozessen größte Vorsicht und Skepsis walten ließen.

Die Brandzeichen

(1673-1674)

Das Strafsystem der frühen Neuzeit kannte nur Strafen „bei Haut und Haaren“ — also Ehrenstrafen und körperliche Züchtigung — und „bei Leib und Leben“, schwere Leibesstrafen und Todesstrafen, sowie die Ausweisung. Unbekannt war die heute übliche Freiheitsstrafe, sie bildete sich erst im Laufe des 17. Jahrhunderts heraus. In Frankfurt hat sich aber die Freiheitsstrafe auch im 18. Jahrhundert noch nicht eingebürgert. Wurde ein Verbrecher nicht zum Tode verurteilt, sondern mit der Ausweisung, dem Halseisen oder der Rutenstrafe belegt, so hatte er das Strafübel und den Ort seiner Schande bald hinter sich gebracht und die Strafe sicher bald abgeschüttelt. Wurde er an einem anderen Orte erneut straffällig, so kamen die Vorstrafen in der Regel nur dann heraus, wenn der Beschuldigte sie auf der Folter selbst angab, denn ein einheitlich geführtes Strafregister gab es in jenen Zeiten natürlich noch nicht. Zwar wurden die Strafen an dem Orte registriert, an welchem sie vollzogen wurden, aber diese Erfassung schadete dem rückfälligen Täter nur, wenn er gerade an diesem Ort eine weitere Tat beging und verhaftet wurde. Konnten also die Spitzbuben verhältnismäßig leicht ihre Vorstrafen vertuschen, so gab es in schwereren Fällen die üblen Verstümmelungsstrafen, die, ganz abgesehen von der Grausamkeit der Strafe selbst, dem Verurteilten auf Lebenszeit ein jedermann sogleich sichtbares Kainszeichen aufprägten. Mit Strafen wie Abschneiden der Nase, der Ohren oder Durchbrennen der Backen — eine Strafe, die den berühmten Bildschnitzer Veit Stoß wegen Urkundenfälschung traf — oder mit Brandzeichen auf Stirn oder Backe wollte man dem Täter nicht nur schlimme Schmerzen bereiten, es sollte auch für alle Zukunft jedermann vor dem also Gezeichneten gewarnt werden. Es ist leicht einzusehen, daß nach einer solchen Bestrafung der Weg in ein geregeltes und geordnetes Leben für immer versperrt war. Etwas humaner war deshalb die Brandmarkung auf dem Rücken, die als schwerste Leibesstrafe die anderen scheußlichen Verstümmelungsstrafen in Frankfurt seit dem 16. Jahrhundert verdrängte. Und auch diese Strafe wurde in jener Zeit, wie man zur Ehre des Rates feststellen muß, nur verhältnismäßig selten verhängt. Daß eine solche Bestrafung für unsere Begriffe ekelhaft, grausam und unwürdig ist, bedarf keiner besonderen Hervorhebung. Immerhin aber wurde mit dieser Bestrafung erreicht, daß der so Bestrafte sein Strafregister auf dem Rücken mit sich trug, nicht für jeden sichtbar, aber im Falle erneuter Verhaftung leicht festzustellen.

Wer ein Brandzeichen trug, der hatte die „Weihe zum Galgen empfangen", wie es in einer Notiz des Strafenbuches heißt. Dies zeigt auch der Fall des Caesar Gombelaut aus Lier in Brabant.

Die Messen brachten neben ehrlichen Handelsleuten auch allerlei lichtscheues Gesindel in die Stadt. Zu diesem Kreis der wenig erwünschten Meßgäste gehörte offenbar auch Caesar Gombelaut und seine Frau. Gombelaut stiehlt in der Herbstmesse 1673 bei dem Bürger und Handelsmann Jakob Herff, der seinen Laden hinter dem Römer hat, einige zwanzig Pfund Gold- und Silberfäden. Der Händler entdeckt den Diebstahl sofort und läßt Gombelaut festnehmen, bei dem sich auch die entwendeten Fäden finden. Auch Gombelauts Frau wird arretiert, kann aber wieder entkommen. Alsbald wird Jakob Herff eidlich vernommen. Die Ermittlungen gegen Gombelaut ergeben weiter den starken Verdacht, daß der Verhaftete vor Jahresfrist im Haus zum Karch nahe der Schwanen-Apotheke eine größere Menge Gold- und Silberspitzen gestohlen hat. Auch in Mainz soll Gombelaut Diebstähle verübt haben. Deshalb zieht man auch dort Erkundigungen ein.

Nach einer Woche, am 13. November 1673, befaßt sich der Rat wieder mit dem Fall. Es geht um die Frage, ob die Verdachtsmomente gegen den Beschuldigten so schwerwiegend sind, daß man nunmehr mit der Folter gegen ihn vorgehen kann. Hierzu kann sich der Rat aber noch nicht entschließen. Er schickt vielmehr einen Eilboten nach Mainz, um die erbetenen Informationen anzumahnen. Innerhalb von fünf Tagen liegen diese dann vor. Zugleich auch geben die Ratssyndici ihre Gutachten ab. Sie schlagen vor, man solle Gombelaut nochmals „gütlich" vernehmen und im Falle weiteren Leugnens mit der Folter und der wirklichen Tortur gegen ihn vorgehen. Diese Ausdrucksweise stellt keinen Pleonasmus dar, vielmehr werden damit die in Betracht kommenden Grade der Folter angedeutet. Die ersten beiden Grade der Folter waren nämlich verhältnismäßig harmlos. Der erste Grad bestand darin, daß der Scharfrichter dem Beschuldigten die Folterwerkzeuge vorlegte und ihre Wirkungsweise möglichst drastisch schilderte. Im zweiten Grad wurden dem leugnenden Beschuldigten die Folterwerkzeuge angelegt — diese beiden Grade sind in Frankfurt zu einem Grad vereinigt und werden „Territion“ oder Schreckung genannt. Erst der dritte Grad war die wirkliche Folterung. Hierbei gab es nun wiederum Steigerungsmöglichkeiten, Steigerungen sadistischer Grausamkeit: zunächst wurde der Beschuldigte mit den Daumenschrauben gequält. Konnte man ihm damit kein Geständnis abringen, so wurde er an den auf den Rücken gebundenen Armen aufgezogen, und schließlich wurden die Beinschrauben als schlimmste Form angewendet. Diese beiden Steigerungen der Quälereien und besonders die Beinschrauben haben nur wenige Beschuldigte über sich ergehen lassen, ohne ein mehr oder minder zutreffendes Geständnis abzulegen, um den Qualen zu entgehen. Caesar Gombelaut gehört zu diesen Tapferen.

Zunächst aber wird er noch mit der Folter verschont, da er offenbar den Diebstahl der Gold- und Silberfäden, den er ohnehin kaum bestreiten kann, gesteht.

Am 4. Dezember 1673 beschließt der Rat weitere Vernehmungen, bei denen eventuell auch gefoltert werden soll. Die Aussagen führen zu weiteren Ermittlungen in Kassel, in Köln und zu weiteren Zeugenvernehmungen. Alle diese Ermittlungen ergeben den dringenden Verdacht, daß Gombelaut neben der Tat, die zu seiner Verhaftung geführt hat, auch den Diebstahl der goldenen Spitzen verübt hat und überhaupt ein „ein beschriehener und also genannter Beutelschneider“ ist. Dies allerdings ist zwar ein dringender Verdacht, aber eben doch nur ein Verdacht.

Vor allem aber hat man auf dem Rücken des Beschuldigten zwei Brandzeichen entdeckt. Eins davon hat die Form eines Rades: Gombelaut hat es zu Brügge wegen Diebstahls empfangen und ist des Landes verwiesen worden. Nun weiß man, daß man es bei dem Beschuldigten mit einem zum zweiten Mal rückfälligen und schwer vorbestraften Dieb zu tun hat. Gombelaut wird schonungslos gefoltert, um ein umfassendes Geständnis zu erreichen. Aber weder die Daumenschrauben noch die teuflischen Beinschrauben vermögen Gombelaut zu mehr als dem Geständnis des Diebstahls zu bringen, dessen er ohnehin überführt ist.

Da trotzdem der Ausgang der Sache abzusehen ist, treten die katholischen Geistlichen des Bartholomäus-Stiftes an den Rat mit dem Wunsche heran, ihnen Zutritt zu dem armen Sünder zu gewähren und ihnen zu gestatten, Gombelaut zur Richtstätte zu begleiten. Da der Angeklagte katholisch ist, wollen ihm die Geistlichen verständlicherweise die Tröstungen seiner Religion spenden. Dieses Gesuch erfolgte wie in allen gleichgelagerten Fällen, und ebenso regelmäßig lehnte es der Rat ab. In derselben Ratssitzung wird Gombelaut zum Tode durch den Strang verurteilt. Dem Angeklagten wird ein evangelischer Geistlicher zugeordnet, dessen Tröstungen sich der arme Sünder, wie im Strafenbuch besonders hervorgehoben wird, wohl gefallen läßt. Das Urteil war nun beschlossen, aber es wurde wie üblich noch nicht verkündet. Aus dem Erscheinen des Geistlichen zog Gombelaut jedoch seine nur zu berechtigten Schlüsse. Er mag sich um die Früchte seines trotz aller Folterqualen so standhaften Leugnens gebracht gesehen haben. So empörte er sich dem Pfarrer gegenüber. Man könne ihn doch nicht wegen dieses einen

Diebstahls das Leben absprechen, denn andere Taten habe er nicht begangen und schon gar nicht den Diebstahl der goldenen Spitzen, äußerte sich Gombelaut, und wenn man ihn aufhänge, so sterbe er unschuldig und die Richter treffe schwere Verantwortung.

Der Geistliche meldet diese Äußerungen des Verurteilten, und der Rat erörtert den Fall nochmals unter Zuziehung der Syndici.

Wir können uns das Entsetzen des Angeklagten gut vorstellen, der nur den sicher nicht sehr bedeutenden Diebstahl sah, der zu seiner Verhaftung geführt hatte und der nun wegen dieser Tat das Leben verlieren sollte. Die Todesstrafe für Eigentumsdelikte widerspricht dem Rechtsempfinden selbst dann mit Entschiedenheit, wenn man die Todesstrafe nicht generell ablehnen sollte. Nach den Strafgesetzen seiner Zeit aber hatte Gombelaut das Leben eindeutig verwirkt. Zwei Brandzeichen auf dem Rücken bewiesen zwei einschlägige Vorstrafen. Die peinliche Halsgerichtsordnung Karls V., die Carolina, nach welcher sich der Rat richtete, gab hier eine eindeutige Vorschrift: Wird jemand eines dritten Diebstahls überführt, so hat er sein Leben verwirkt und ist dem Strang verfallen. Gerade beim Diebstahl hat die Carolina recht eingehende Regelungen getroffen. Sie unterscheidet den einfachen und den schweren Diebstahl, den Diebstahl aus „rechter Hungersnot“, den ersten und den zweiten Diebstahl und staffelt nach dem Wert der entwendeten Sachen. Bei allen diesen Diebstahlsfällen war denkbar, daß der Täter wenigstens mit dem Leben davon kam. Beim „Stehlen zum dritten Mal“ aber kennt das Gesetz nur eine Strafe, den Tod.

So beschließt denn auch der Rat im Falle Gombelaut, er solle am Nachmittag im Beisein des Ratssyndicus Dr. Rasor nochmals vernommen werden. Bleibt der Verurteilte bei seinem bisherigen Geständnis, das, wie wir wissen, nur den Diebstahl umfaßte, dessen er ohnehin überführt war, so soll er am nächsten Tage gehängt werden.

Am 13. Februar 1674 wird dieses grausame Urteil vollstreckt.

Im Falle des Caesar Gombelaut ist der Rat also hart geblieben. Die beiden schweren und offenbaren Vorstrafen mögen ihn in dieser Haltung bestärkt haben. Einige Jahre später aber ist der Rat humaner geworden und hat den überaus strengen Artikel 162 der peinlichen Halsgerichtsordnung jedenfalls dann nicht mehr angewendet, wenn die Diebereien des Angeklagten zwar zahlreich, aber doch im Ganzen nicht sehr bedeutend waren. Der Rat hat sich einmal, wie wir noch sehen werden, sogar die Strafe abhandeln lassen.

Heinrich Frank der Psychopath

(1674-1675)

Verbrecher mit einem ausgeprägten Geltungstrieb sind auch heute für den Strafrichter vertraute Erscheinungen. Nicht selten betätigen sich ausgesprochene Psychopathen mit großem Erfolg als Betrüger, Heiratsschwindler und Hochstapler. Ein krankhafter Geltungstrieb gibt ihnen oft eine starke Faszination, denn „wenn ihr Euch nur selbst vertraut, vertrauen Euch die anderen Seelen". Noch auf der Anklagebank und im Gefängnis sind solche Menschen die nur ichbezogenen Grandseigneurs, die ihre klar zu Tage liegenden Mängel und selbst verschuldeten Katastrophen so schnell und spurlos verdrängen, daß man als Laie nur staunen kann. Zu dieser merkwürdigen Abart der Spezies Mensch muß auch Heinrich Frank aus Breslau gehört haben.

Dieser Mann stammte aus einer ordentlichen Familie und hatte als kurpfälzischer Botenmeister offenbar auch eine gesicherte Position inne gehabt. Vielleicht hat er bei der Verwüstung der Pfalz durch die Truppen des Sonnenkönigs seine Stellung und sein Vermögen verloren. Jedenfalls aber spielten die Folgeerscheinungen dieser verheerenden Kriegszüge für seine Tat eine Rolle. Wegen der unsicheren Zeiten hatten nämlich die kurpfälzischen Amtleute von Oppenheim und Totzdorf, von Wolzogen und Tondorf, Geld, Silbergeschirr und Wertsachen nach Frankfurt ausgelagert und dort im Stenglinschen Haus verwahren lassen. Heinrich Frank, der damals bereits bei seinem Bruder in Frankfurt lebte, verübte mit einem Komplizen namens Gottfried Lang im Oktober 1674 einen Einbruch in diesem Haus und trug eine beträchtliche Beute davon.

Einige Zeit später, Anfang des Jahres 1675, wurde Lang gefaßt und legte ein umfassendes Geständnis ab. Eine Abschrift dieser Aussage wurde dem Rat von Frankfurt zugeleitet. Der Rat aber zeigt zunächst wenig Neigung, ein Offizialverfahren gegen Frank einzuleiten. Vielmehr will er eher die Sache in einem von den Geschädigten zu führenden Parteiprozeß vor dem Schöffengericht austragen lassen und überweist die Sache daher an dieses Gericht. Ehe sich dieses Gericht aber zu einem Vorgehen gegen Frank entschließt, muß Herr von Tondorf sein Kavaliersehrenwort geben, jede Sicherheit in dem Verfahren zu leisten.

Hierauf beschließt man nun, Frank zu verhaften. Ehe man aber zur Arretierung schreitet, lädt man ihn erst einmal vor. Dies ist für Frank das Zeichen, schleunigst zu verschwinden. Es gelingt ihm aber nicht mehr, aus der Stadt zu entkommen. Die Obrigkeit hat nämlich bereits einen Steckbrief erlassen, der mit Trommelschlag überall ausgerufen wird. Alsbald ist Frank dingfest gemacht.

Der Beschuldigte leugnet seine Tat nicht, er sagt vielmehr noch aus, er habe mit seinem Komplizen die Absicht gehabt, jeden zu töten, der die Ausführung der Tat zu stören gewagt hätte. Bemerkenswert ist, daß Frank dieses Geständnis ohne äußeren Zwang ablegte und sogar den sonst schwer zu beweisenden Tötungsvorsatz bekannte.

Bald nach diesem Geständnis zeigt sich Frank geistesgestört. Darüber vergeht einige Zeit, während der die

Eltern und vornehmen Verwandte in Breslau von den Vorgängen in Frankfurt Kenntnis erhalten. Sie wenden sich an die Stadtväter von Breslau, und der Rat von Breslau verwendet sich für Frank. Die Stadt Breslau bittet, wenigstens möge man Frank nicht ehrlos am Galgen enden lassen, sondern, wenn er schon sterben müsse, den ehrlichen Tod durch das Schwert über ihn zu verhängen.

Inzwischen hat der Rat den Fall wieder als eigentlichen Inquisitionsprozeß an sich gezogen, denn nach dem Geständnis Franks handelt es sich um ein unbestreitbares und unbestrittenes Verbrechen, das im Offizialverfahren abzuhandeln ist.

Die Herren des Rates haben Bedenken, angesichts der merkwürdigen Geistesverfassung des Beschuldigten die an sich verwirkte Todesstrafe zu verhängen und vollziehen zu lassen. Man erläßt deshalb das Urteil zunächst einmal sozusagen versuchsweise. Es wird beschlossen, der Oberstrichter soll dem Inhaftierten wie üblich in solchen Fällen das Todesurteil und zwar die Todesstrafe durch das Schwert verkünden. Dabei soll die Reaktion des Gefangenen beobachtet werden. Nach dem Ergebnis dieser eines Gerichtes nicht sehr würdigen Verfahrensweise will der Rat dann seine Entscheidung treffen, ob das Urteil zu vollziehen sei. Diese ganze „Verurteilung" soll also nur den Zweck haben, bei dem Verhafteten, falls er seine Geisteskrankheit nur simuliere, den Eindruck zu erwekken, daß weitere Bemühungen in dieser Richtung nutzlos seien. Mit diesem Trick aber ließ sich Heinrich Frank nicht fangen: „Bei Ankündung dieses Urteils und Zusprechen der Herren Pfarrer hat er in seiner Ungebärdigkeit quasi in furore fortgefahren, auch sehr geflucht und allerhand extravagantia geredet." Der Rat setzt also den Vollzug des Urteils aus und faßt sich in Geduld. Wieder vergehen einige Wochen, Wochen, von denen Heinrich Frank offenbar meint, es werde etwas Gras über seine Verurteilung und seine Tat wachsen. So schreibt er dann nach einiger Zeit einen rührenden Brief, dankt Gott dafür, daß er seine Geisteskraft wiedergewonnen habe, und bittet um Begnadigung oder wenigstens darum, daß man ihm das Leben schenken möge. Er erbietet sich, um diese Begnadigung einigermaßen zu rechtfretigen, mit Hilfe seiner Verwandten den Wert des gestohlenen Gutes zu ersetzen. Der Rat dagegen quittiert diese Eingabe damit, daß er nunmehr den Vollzug der Schwertstrafe für den nächsten Freitag anordnet.

Noch einmal aber spielt Heinrich Frank den Herren einen Streich. Am Tage vor der Hinrichtung gelingt es ihm, mit einem alten Lichthalter das Schloß seiner Zelle zu öffnen und zu entfliehen. Daß Frank ein Scharlatan ist, beweist er dadurch, daß er auf den Boden der Zelle mit Kreide einen Kreis mit magischen Buchstaben und vielen Kreuzen zeichnet. Wahrscheinlich will er seine Flucht als Zauberwerk erscheinen lassen. Aber weder falsche Zauberei noch echte Handfertigkeit nützen ihm etwas: Wiederum ergeht ein öffentlicher Anschlag unter Trommelwirbeln, und bald ist Heinrich Frank auch wieder eingefangen.

Nun sieht der Rat keinen Anlaß mehr, Heinrich Frank etwas besser zu behandeln als einen gewöhnlichen Dieb, und als gewöhnlicher Dieb soll er nun am Galgen sterben. So wird Heinrich Frank denn am 11. August 1675 mit dem Strang hingerichtet. Aber auch unter dem Galgen verläßt diesen merkwürdigen Kerl nicht seine Geltungssucht. Noch einmal darf er sich als Mittelpunkt fühlen, noch einmal ein Schauspiel geben und vor einem großen Publikum eine Rolle spielen, eine Rolle, die er selbst glaubt und in welcher er deshalb auch überzeugt: So stirbt er denn, nachdem er sichtbarlich „große Reu' und Leid über seine Verbrechen erwiesen und mit einer feinen Rede jedermänniglich vor dergleichen verwarnet".

Falschmünzer

(1676)

Zu den traurigsten Kapiteln der Geschichte des 16. und 17. Jahrhunderts gehört das Geldwesen. Schon das Fehlen jeglicher geldwissenschaftlicher Erkenntnis und der Mangel an einer wirksamen Zentralregelung oder auch nur zwischenstaatlicher Vereinbarungen zwischen den einzelnen Territorien mußte sich verhängnisvoll auswirken. Es erscheint uns heute fast rätselhaft, wie der Zahlungsverkehr bei der Buntscheckigkeit der Zahlungsmittel überhaupt einigermaßen funktionieren konnte. Man kann in dieser Zeit aber eigentlich nicht von einem Geldwesen, vielmehr nur von einem Geldunwesen sprechen. Allein der Umstand, daß jeder kleine Potentat Münzen schlagen lassen oder das Münzregal an private Unternehmer verpachten konnte, mußte den Geldverkehr erschweren. Finanzschwache Fürsten oder skrupellose Münzpächter brachten hochwertige Münzen an sich und schmolzen sie in eine größere Zahl geringwertiger Münzen um. Beim Münzen des Geldes betrog jeder jeden: Landesherren gaben minderwertige Münzen aus, die sie von ihren Untertanen dann selbst nicht mehr annehmen wollten. Münzmeister ließen einen Teil des ihnen anvertrauten Edelmetalls in ihre Taschen fließen. Kleine Aufkäufer sammelten aus mehr oder minder trüben Quellen Edelmetalle von fragwürdiger Reinheit und lieferten sie an die Münzen. In Frankfurt, dem führenden Ort Deutschlands im

Geldhandel, wurden alle Münzen gehandelt, und dieser Geldhandel in der Stadt war das Barometer des Währungsverfalls. Die Stadt hatte viele Beschwernisse auszustehen, weil sich an dem führenden Geldhandelsplatz natürlich die Mißstände im Geldwesen am deutlichsten zeigten. Es entspricht der menschlichen Natur, den Sitz des Übels zunächst einmal dort zu suchen, wo es in seinen Äußerungen am deutlichsten zu Tage tritt.

Die Zustände im Münzwesen mußten ein weitverbreitetes Falschmünzerunwesen züchten, waren doch die Landesherren, die minderwertige Münzen ausgaben, eigentlich selbst die größten Falschmünzer. Frankfurts Stellung im Geldhandel mußte sich auch auf dem Gebiet der Münzdelikte auswirken. Auf der einen Seite hatten hier Falschmünzer und Falschgeldverbreiter günstige Gelegenheit, ihre heiße Ware unterzubringen. Auf der anderen Seite aber mochte das Risiko eines solchen Unternehmens in einer Stadt auch erheblich sein, in welcher der Geldwechsel mit großer Sachkenntnis betrieben wurde. Wenn man diese Stellung Frankfurts berücksichtigt, so ist die Zahl überführter Falschmünzer und Falschgeldverbreiter gering. Für die Zeit von 1562 bis 1695 lassen sich nur zehn Fälle feststellen, in denen eine Bestrafung wegen begangener Münzdelikte erfolgte. Die Bemühungen, wenigstens des kriminellen Geldfälschertums Herr zu werden, hatten offensichtlich keinen großen Erfolg.

Wie es einem geschickten Falschmünzer möglich war, sich auch in einer äußerst prekären Situation der Strafe zu entziehen, zeigt der Fall des Johann Dietrich Schlüter.

Im Jahre 1676 wird dieser Goldschmied und „Siegelgraber“ in Frankfurt verhaftet „wegen alhie einer Jüdin gegen anders gut Geld ausgegebenen- und ausgewechselter falsch Dukaten holländischen Gepräges, welche an Gewicht zwar vollständig und wichtig, inwendig aber Blei und mit gutem Gold sehr subtil überzogen". Schlüter hatte versucht, zwanzig solcher sehr „subtil mit gutem Gold überzogene" Dukaten, eine sehr bedeutende Summe, zusammen mit seinem Bruder anzubringen. Als die Fälschung erkannt worden war, hatte er versucht, sich aus dem Staube zu machen, was aber nur seinem Bruder gelang.

Bei seiner ersten Vernehmung gibt Schlüter einen kurzen Überblick über seinen beruflichen Werdegang. Er hat sechs Jahre gelernt und ist dann weitere sechs Jahre auf der Wanderschaft gewesen, die ihn bis nach Königsberg und Stockholm geführt hat. Nach dieser Wanderschaft ist er durch die Berufung des Landesfürsten nach Weilburg gekommen, und dort lebt er nun schon seit neun Jahren. Die Dukaten, welche er zum Geldwechsel gegeben hat, will er von einem Marketender bekommen haben. Der Rat hat aber auch schon gewisse Informationen erhalten. Man dringt in ihn, ob er denn nicht die Dukaten selbst hergestellt habe und nicht auch schon in Marburg Falschgeld ausgegeben habe. Bei Gott nein, antwortet Schlüter, da solle Gott ihn vor behüten, er habe nur diese zwanzig Dukaten gehabt, die er aus Weilburg mitgebracht habe. Es wird ihm weiter „beweglich zugesprochen", ob er nicht die Dukaten selbst gemacht habe und wohl diese nicht allein, wenn er nicht gütlich gestehe, so werde man schärfere Fragen an ihn richten. Schlüter sucht um einen Verteidiger nach und äußert, er wolle nicht hoffen, daß man ihn mit der Folter bedränge, er sei in Gottes und der Obrigkeit Hand.

Auf Anfrage in Weilburg erfährt der Rat, daß Schlüter für die Grafen von Schaumburg und Leiningen Prägestempel geschnitten hat. Eine Haussuchung bei dem Verhafteten in Weilburg bleibt ohne Ergebnis, denn einmal ist bei Schlüter als Goldschmied und Stempelschneider Falschmünzerwerkzeug unverdächtig, zum anderen aber dürfte der flüchtige Bruder Schlüters Weilburg früher erreicht haben als der Stadtbote, und er wird schon dafür gesorgt haben, daß keine verdächtigen Werkzeuge gefunden wurden.

Die Angehörigen Schlüters und insbesondere dessen Ehefrau bleiben auch weiter nicht müßig. Sie wenden sich an den Grafen von Weilburg-Saarbrücken, und dieser bittet den Rat, Schlüter einen Verteidiger beizugeben. Dem Wunsche dieses hohen Herren kann sich der Rat auf die Dauer nicht widersetzen, wenn er auch zunächst die Bestellung eines Anwalts noch hinausschiebt. Trotzdem sieht die Sache schlimm für Schlüter aus.

Auch in der Judengasse unter den Geldwechslern hat sich der Fall natürlich herumgesprochen, und diese haben ein begreifliches Interesse daran, daß einem Falschmünzer das Handwerk gelegt wird. Am 4. Oktober 1676 meldet sich der „Jud zum Buchsbaum“ und legt sieben falsche Dukaten vor. Er berichtet hierzu, diese Münzen stammen von dem Juden Hirsch aus Marburg. Buchsbaum hat sie vor einiger Zeit umwechseln sollen, sie aber als Fälschung erkannt und zurückgegeben. Jetzt hat er sie sich wieder schicken lassen, um sie dem Rat vorzulegen.

Der Rat läßt nunmehr Hirsch aus Marburg kommen, der schon am 6. Oktober zur Stelle ist. Zunächst wird nun Schlüter allein vernommen, der natürlich von diesem Vorgang nichts weiß und behauptet, nur jene Dukaten gehabt zu haben, wegen denen er jetzt verhaftet ist. Alles weitere Zureden hilft nichts. Nun wird Hirsch hereingeführt. Schlüter erbleicht. Er hat auch allen Grund dazu, denn Hirsch erkennt ihn sofort wieder. Hirsch erklärt, dies sei der Kerl, der seinem Bruder etliche falsche Dukaten eingewechselt habe. Schlüter entgegnet ihm, er irre sich. Doch Hirsch ist seiner Sache ganz sicher: Schlüter habe in Marburg dasselbe graue Kleid getragen, aber nicht diesen braunen Rock, jedoch einen Degen und ein Leibgehänge mit Seidenfransen. Schlüter bleibt bei seinem Leugnen, er will auch sehr lange Zeit nicht in Marburg gewesen sein. Hirsch wird wieder hinausgeführt und sagt nun weiter aus: Schlüter sei dreimal zu seinem Bruder gekommen, um Geld zu wechseln. Der Bruder habe ihm brandenburgische Gulden geben wollen, die Schlüter aber mit der Begründung zurückgewiesen habe, sie seien abgesagt. Deshalb habe er dann perleburg-solmssche Gulden bekommen.

Schlüter bleibt jedoch bei seinem Leugnen. Er will einen Advokaten haben. Ein gutes Gewissen sei der beste Advokat, wird ihm entgegnet. Während Schlüter auch bei einem weiteren Verhör hartnäckig bleibt, richtet seine Ehefrau, die „demütig hochbetrübte Magd“ Gertraud Schlüter, mehrere Bittschreiben an den Rat, die für Schlüter zwar nicht ganz ungefährlich sind, aber angesichts der schweren Belastung doch wohl taktisch geboten erschienen: Schlüter habe im Jahr 1673 bei französischer Einquartierung die Dukaten von einem französischen Marketender als Bezahlung für Schmucksachen erhalten und als echt angenommen. Erst als er sie später habe einschmelzen wollen, habe er gesehen, daß sie gefälscht waren. Um nun den außerordentlichen Schaden von sich abzuwälzen, habe er sich betören lassen, diese Dukaten weiterzugeben, aber nur an Juden und nicht an ehrliche Christenmenschen.

Inzwischen aber wird Schlüter weiter so stark belastet, daß er für unsere Begriffe zumindest der Falschgeldverbreitung im großen Stil überführt wäre: Der Jude Abraham aus Marburg erkennt Schlüter ebenfalls. Es wird auch bekannt, daß ein Marburger Jude fünfzig Dukaten an die Münze nach Gießen geliefert hat, die sich als falsch erwiesen haben. Der Jude war verhaftet worden und hatte eine Personenbeschreibung des Mannes gegeben, von dem er diese falschen Dukaten erworben hatte. Er hatte diesen Mann für einen Studenten gehalten, im übrigen aber deckt sich die Beschreibung mit derjenigen Person Schlüters.

Demgegenüber ist Schlüters Verteidigung schwach. Er meint, die Juden seien den Christen feindlich gesinnt und wollten sich an ihm rächen.

Trotz aller dieser sehr schweren Verdachtsmomente kommt es nicht zu einer Verurteilung, selbst die Folterung wird nicht vom Rat angeordnet, was wohl darauf zurückzuführen ist, daß Schlüter sich einer gewissen Protektion durch seinen Landesherren erfreut. Schlüter bekommt den erbetenen Advokaten beigeordnet, und dessen Bemühungen ist es wohl zu danken, daß Schlüter schließlich sehr glimpflich davonkommt. Nach langer Haft, die unter den damaligen Verhältnissen und in der Winterszeit als schwere Leibesstrafe anzusehen ist, wird er am 10. Juli 1677 entlassen und für zehn Jahre aus der Stadt ausgewiesen.

Sicher hat dieser Meister seines Fachs noch lange und mit großem Gewinn seine Kunst ausgeübt, denn die Katze läßt ja bekanntlich das Mausen nicht. Aber, um bei Sprichworten zu bleiben, und den bekannten zum Wasser gehenden Krug zu zitieren: Schlüters Krug ging noch 29 Jahre zum Wasser bis er brach: Am 6. Februar 1705 wurde Johann Dietrich Schlüter wegen Falschmünzerei in Hanau mit dem Schwert hingerichtet.

Erfolgreicher Protest

(1680)

Peter Dettmeyer aus Köln muß ein typischer Vertreter jener weitverzweigten Gilde der fahrenden Leute gewesen sein. Er durchzog mit Seiltänzern das Land, und diese Gesellschaft hatte ihm den Namen „der Springer" eingetragen. Welche Akrobatenkunststücke der Springer zeigte, ist nicht mehr festzustellen, jedenfalls aber war er so nebenher ein kleiner Dieb und Beutelschneider. Die Liebe zu dieser Kunst des Beutelschneidens wurde ihm in Frankfurt verderblich: Im Jahre 1680 wird Dettmeyer verhaftet, weil er einige Jungen im Beutelschneiden unterrichtet haben soll. Ein Geständnis dieser Tat ist aber auch unter den Daumen- und sogar den Beinschrauben aus dem Springer nicht herauszuholen. Die Ermittlungen ergeben jedoch, daß Dettmeyer eine ganze Anzahl kleiner Diebstähle auf dem Gewissen hat und daß er zu Leipzig als ein berüchtigter Beutelschneider wegen Diebstahls eingesperrt worden war. Mehr läßt sich aber nicht feststellen, immerhin aber hat man Caesar Gombelaut, dessen Fall ganz ähnlich gelagert war, einige Jahre zuvor gehängt. Soweit wollte der Rat nun hier zwar nicht gehen, da Dettmeyer ja nicht wegen eines weiteren Diebstahls in Frankfurt verhaftet worden war und auch der ihm zur Last gelegten „Lehrtätigkeit" nicht überführt werden konnte. Wollte man also Dettmeyer nicht am Leben strafen, so sollte er doch eine ungewöhnlich harte und schon gar nicht mehr übliche Leibesstrafe erhalten.

Der Rat beschloß am 3. August 1680, Dettmeyer solle an das Halseisen gestellt werden, ein Brandzeichen im Gesicht bekommen, mit Ruten aus der Stadt getrieben und für immer aus der Stadt und deren Gebiet ausgewiesen werden.

Diese überaus harte Strafe zeigt, daß man sehr stark dahin tendierte, Dettmeyer zum Tode zu verurteilen. Aber er hatte ja kein konkretes Geständnis abgelegt. So erhält diese über ihn ausgesprochene Strafe den Charakter einer Verdachtstrafe.

Nach unserer heutigen Rechtsauffassung und nach dem geltenden Recht ist ein Angeklagter mangels Beweises freizusprechen, wenn es nicht gelingt, den vollen Nachweis seiner Schuld zu erbringen. Nur den wirklich Schuldigen soll die Strafe treffen, jeder Zweifel an der Schuld aber soll dem Angeklagten zugute kommen, damit nicht ein vielleicht durch falschen Anschein Belasteter unschuldig bestraft werde. Dieses Prinzip ist uns so selbstverständlich, daß wir uns eigentlich dazu gar keine andere Alternative denken können. Diese Alternative aber ist eben die Verdachtstrafe: War der zur Überführung erforderliche Nachweis nicht ganz zu erbringen, erschien der Beschuldigte aber gleichwohl erheblich verdächtig, so schritt man zu jener Zwischenlösung. Die ordentliche Strafe konnte über den Verdächtigen zwar nicht verhängt werden, aber eine außerordentliche Strafe war statthaft. Diese Verdachtstrafe war milder, aber das vermag uns natürlich mit jener unserem Rechtsempfinden völlig entgegenlaufenden Verfahrensweise nicht zu versöhnen. In unserem Falle sollte also der nicht gänzlich überführte, wenn auch vorbestrafte und stark verdächtige, Angeklagte sozusagen alle Körper- und Ehrenstrafen zu erdulden haben, die die damalige Strafpraxis noch anwendete.

Am Freitag, dem 6. August 1680, sollte dieses drakonische Urteil vollzogen werden. Eine große Menschenmenge hatte sich schon eingefunden, um dieser letzten und scheußlichen Schaustellung des Springers in Frankfurt beizuwohnen.

Als man aber dem armen Kerl dieses Urteil am frühen Morgen verkündete, da hat er sich „wegen dekretierter Bemerkung mit dem Brandmal ganz ungebärdig gestellet“. Lieber solle man ihn in tausend Stücke hauen oder, wenn er es verdient habe, aufhängen, schrie Dettmeyer in seiner Verzweiflung. Alsbald wurde dieses Lamento dem Schöffenrat gemeldet, und dieser ließ sich hierdurch zu einer bedeutenden Milderung des Spruches bewegen. Das Strafenbuch berichtet hierzu: „Da sich indessen die Exekution, auf welche das zahlreich versammelte Volk mit Verlangen gewartet, verzögert hat, ist er mit dem Brandmal zwar verschonet, jedoch mit übriger Exekution sobald fortgefahren worden, der Malefikant in das Halseisen gestellt und darauf mit Ruten wohl ausgehauen worden.“

Es bleibt zu hoffen, daß der Springer sich weiterhin nun nur noch zu den Seiltänzern gehalten und keine kriminellen Seitensprünge mehr gemacht hat, so daß er schließlich nicht doch noch zum bösen Ende seinen letzten Sprung von der Galgenleiter tun mußte.

Das alte Lied

(1705-1706)

Der Prinz und die Küchenmagd, die Königstochter und der Schweinehirt, das sind sozusagen die klassischen Liebespaare des Märchens. In leicht veränderter Form treten sie auch in unzähligen Liebesromanen des vorigen Jahrhunderts und in Operetten auf. Das Nein der Eltern ist dann meist der Ausgangspunkt für die dramatischen Verwicklungen, bis sie sich zum Schluß natürlich doch kriegen. Heute allerdings ist nur noch wenig Raum für solche Romanzen. Wir sind ja so liberal geworden. Das Jawort des Vaters ist eigentlich nur noch ein schöner Brauch, wenigstens bei einer volljährigen Braut. Nicht selten wird auch auf diese „Formalie“ verzichtet, nicht immer zum Glück der angehenden Ehepartner. Die heimliche Verlobung ist eine Alltäglichkeit und oft genug nur ein Vorwand.

Zu welchen Verwicklungen in früheren Zeiten eine gegen den väterlichen Willen geschlossene Ehe führen konnte, zeigt unser Fall aus dem Jahre 1705.

Unsere Geschichte spielt in den vornehmsten Kreisen der Reichsstadt, und es ist tatsächlich auch kein Grund ersichtlich, warum der Ratsherr, Schöffe und Bürgermeister Bartholomäus von Barckhausen dem Sohn des Stadtschultheißen die Hand seiner Tochter Rebecca hätte verweigern sollen. Aber vielleicht war es gerade eine gewisse Eifersucht und Eigensinnigkeit dem Stadtschultheißen gegenüber, ein Exzeß reichsbürgerlichen Stolzes. Vielleicht auch war dem Herren von Barckhausen der Adel des Bräutigams ein wenig zu neu: Bis zum Jahre 1671 nämlich hatte der nachmalige Stadtschultheiß den Namen Seifart geführt. Im Jahre 1671 wurde er zum kaiserlichen Rat ernannt und in den Adelsstand erhoben, mit einem Wappen begnadigt und ihm nach einem vorher erworbenen Gut der Name „von Klettenberg" erteilt. In dem Adelsdiplom wurde noch besonders hervorgehoben, daß „sowohl er als auch seine Gattin, seine Kinder und sein Hausgesinde sowie derer aller liegendes und fahrendes Gut in des Kaisers und des heiligen Reichs besonderen Verspruch, Schutz, Schirm und Salva Guardia an- und aufgenommen wurden und er und die Seinigen sich dessen erfreuen und gebrauchen, auch zu Kriegs-, Empörungs- und anderen Zeiten, da es die Not erfordere, ihrem Gefallen und Belieben nach den kaiserlichen oder königlichen Adler zu einem Zeichen keiserlicher Protektion, Schutz und Schirm an ihre Häuser, Höfe und Wohnungen anschlagen und hernach mit gebührender Reverenz wiederum abnehmen möchten".

Wie dem nun auch sei, der Herr von Barckhausen wollte von einer Verbindung seiner Tochter mit dem jungen Seifart von Klettenberg nichts wissen. Schließlich drang er der Tochter das Versprechen ab, von dem Geliebten zu lassen. Aber die Liebe war eben doch stärker. Heimlich traf man sich auf der Straße, an wenig besuchten Stellen des Stadtwalls und natürlich auch auf gesellschaftlichen Veranstaltungen bei befreundeten Familien.

Schließlich beschlossen die jungen Leute, allen Widerständen zum Trotz zu heiraten. Die Eheschließung mußte nach Lage der Dinge in aller Heimlichkeit vorgenommen werden, und es waren dazu besondere Anstalten vonnöten. Einfach war dieses Unternehmen keineswegs, denn kein Frankfurter Pfarrer würde sich finden, das Paar gegen den Willen des Herren Senators von Barckhausen zu trauen.

Da Liebe bekanntlich erfinderisch macht, schritt der Bräutigam zu einer etwas gewagten Konstruktion: Seine Familie besaß vor dem Affentor von Sachsenhausen einen Gutshof. Von diesem Hof behauptete Seifart von Klettenberg, gestützt auf den schon erwähnten kaiserlichen Freibrief und vielleicht auch auf eine zweifelhafte Überlieferung, es sei dieses Anwesen der Jurisdiktion der Reichsstadt entzogen und habe als Freistatt zu gelten. Sehr überzeugend wirkte dieses Argument nicht, es gelang aber damit immerhin, durch Vermittlung des Herrn von Praunheim einen älteren Pfarrer aus Eschborn zur Vornahme der Trauung zu gewinnen. Am 6. November 1705 ließ der Bräutigam das Landhaus für die Hochzeitszeremonie vorbereiten, den Geistlichen mit einer Mietkutsche abholen und zwei Freunde kommen, die als Trauzeugen fungieren sollten. Schließlich fuhr Seifart von Klettenberg mit der Kutsche zum Hirschgraben und holte die Braut ab, die tief verschleiert und in aller Heimlichkeit mit ihm fuhr.

Vor der Trauungszeremonie erkundigte sich der Pfarrer bei der Braut nach der Einwilligung ihrer Eltern zu der beabsichtigten Eheschließung. Fräulein von Barckhausen antwortete, sie habe diese Einwilligung nicht zu erlangen vermocht, ihr Vater würde vielleicht dazu zu gewinnen sein, nicht aber ihre Stiefmutter, die auch den Vater immer im gegenteiligen Sinne beeinflußt habe, sie selbst sei aber bereits 27 Jahre alt und sie kenne wohl das Gebot, daß man Vater und Mutter ehren solle, sie habe aber nun doch schon die Kinderschuhe ausgezogen und wisse ebensogut, daß die Bibel ebenso den Vätern geboten habe, ihren Töchtern Männer und ihren Söhnen Weiber zu geben; wenn sie daher sündige, so sündige ihr Vater noch mehr; sie könne ohne Mann nicht leben und wolle den Klettenberg zum Manne haben, selbst wenn er ein Bettler wäre, um nun sich selbst wie auch ihren Vater nicht in Sünde zu bringen, wolle sie Klettenberg heiraten, denn sonst könne leicht ein Unglück geschehen. Diese resoluten Erklärungen zerstreuten die Bedenken des Pfarrers. Er vollzog die Trauung, für die er aber jede Honorierung ablehnte. Nicht um des Geldes willen, sondern um das Gewissen des Paares frei zu machen, habe er die Trauung vorgenommen, äußerte er sich später seiner vorgesetzten mainzischen Behörde gegenüber. Auch eine Einladung und die angebotene Kutsche für die Heimfahrt wies der aufrechte Gottesmann zurück, er trat vielmehr sogleich zu Fuß den Heimweg an. Die übrige kleine Hochzeitsgesellschaft blieb noch bis zum Abend, dann fuhren alle in die Stadt zurück, und jeder der jungen Ehegatten begab sich in die elterliche Wohnung.

Zwei Tage später trafen sich die Eheleute wieder in dem Hof der Klettenbergs, wo durch den Gutsverwalter ein Bett zurecht gemacht worden war.

Nun offenbarte die junge Ehefrau ihren Eltern die Heirat, und der empörte Vater Barckhausen führte sogleich einen schweren Schlag: In der Ratssitzung am 12. November, bei welcher der Schultheiß von Klettenberg nicht anwesend war, trug er vor, der junge Klettenberg habe seine Tochter entführen wollen, da ihm dies nicht gelungen sei, habe er sie heimlich geheiratet, obwohl erst am 1. Februar 1700 durch eine Ratsverordnung eine ohne elterliche Einwilligung geschlossene Ehe für nichtig und strafbar erklärt worden sei. Der Rat war auch sogleich bereit, seinem gekränkten Ratsgenossen Genugtuung zu verschaffen. Er legte den jungen Eheleuten Hausarrest auf und beauftragte die Ratssyndici mit der Anfertigung eines Rechtsgutachtens. In der nächsten Sitzung protestierte der Stadtschultheiß gegen ein solches Vorgehen: Diese Sache gehöre nicht vor den Rat, vielmehr allenfalls vor das Schöffengericht. Hiermit wendete sich der Schultheiß hauptsächlich gegen die inquisitorische Behandlung des Falles. Die Ratssyndici aber vertraten die gegenteilige Ansicht, und der Rat beschloß, den Hausarrest weiter aufrecht zu erhalten, den eingeleiteten Inquisitionsprozeß fortzusetzen. Ja, den Eheleuten wurde sogar die Verhaftung angedroht, falls sie ihre Wohnungen verlassen sollten.

Alle Proteste halfen nicht. Der junge Klettenberg wird eingehend vernommen und ihm die Einhaltung des Hausarrests nachdrücklich eingeschärft. Die Bediensteten des klettenbergischen Hofes werden sogar mit einer Militäreskorte zum Verhör gebracht.

Nach Ablauf von zehn Wochen richtet der Stadtschultheiß an den Rat eine Eingabe und beschwert sich über das Verfahren, das für ehrliche Personen unwürdig sei, der Arrest bedeute einen Schimpf, da die Gefahr des Entfliehens nicht bestehe, auch seien in Frankfurt schon ganz andere Dinge vorgekommen, die man übergangen, geschweige denn mit Haft belegt habe. Der Stadtschultheiß bietet sogar eine Kaution an. Aber alle Vorschläge, Vorstellungen und Beschwerden bleiben fruchtlos. Am 10. Juni 1706, nachdem sich der Arrest nun schon über Wochen und Monate hingezogen hat, zeigt der junge Klettenberg an, daß seine Frau ein Kind erwarte. Er beschwert sich abermals über die unerhörte Behandlung, die ihm und seiner Frau zuteil werde. Es beschwert sich aber auch der Herr von Barckhausen, er findet es unerhört, daß eine „Entführung" unbestraft bleiben soll. Barckhausen bleibt auch unnachgiebig, als die Tochter und ihr Gatte ihn wissen lassen, daß sie das Geschehene bereuen und sich bereit erklären, ihn fußfällig um Vergebung zu bitten.

Endlich, im August des Jahres 1706, hebt der Rat den Hausarrest auf, jedoch mit der Auflage, daß sich die Ehegatten nicht öffentlich zusammen sehen lassen dürfen. Da man aber über die Nichteinhaltung dieser Auflage hinwegsah, stellte sich der äußere Frieden wieder her, und vielleicht hat der alte Herr von Barckhausen dann doch noch seinen väterlichen Segen erteilt. Glücklicherweise war Frankfurt nicht Verona und die Familien von Klettenberg und von Barckhausen nicht Montague und Capulet.

Der Zuckerbäcker und die Weltpolitik

(1701-1716)

Das beginnende 18. Jahrhundert war voller Spannungen und Auseinandersetzungen der Mächtegruppen. Das gilt sowohl für die große Politik der damaligen Weltmächte wie auch für die Machtkämpfe in der kleinen Stadtrepublik Frankfurt.

Hier bemühte sich die Bürgerschaft um größeren Einfluß im Stadtregiment, während der vorwiegend mit Patriziern besetzte Rat seine angeblichen Vorrechte zu behaupten suchte. Die Bürgerschaft war in Quartiere eingeteilt, deren Vorstand und Vertreter Bürgeroffiziere waren. Eine solche Stellung nahm der Zuckerbäcker Jakob Freidhoff ein. Diesem „politischen" Wirken hatte sich der ehrgeizige Mann so verschrieben, daß er sein Vermögen ganz für diese Zwecke verbrauchte und in drückende Verschuldung kam. Was er so in seiner kleinen Welt verloren hatte, das wollte Freidhoff in der großen Welt wiedergewinnen.

Im Jahre 1701 zogen am politischen Himmel schwere Gewitterwolken auf, die sich in den spanischen Erbfolgekriegen entladen sollten. Als im Jahre 1700 der Mannesstamm des spanischen Herrscherhauses ausstarb, erhob Kaiser Leopold I. für seinen Sohn Karl Ansprüche auf den spanischen Thron. Ludwig XIV., der sich auf jeden Fall gegen die Umklammerung durch das Haus Habsburg erwehren mußte, stellte für seinen Enkel, den späteren

König Philipp, die gleichen Ansprüche. Das Haus Habsburg wußte schließlich eine Koalition zwischen dem Reich und England zustande zu bringen, kriegerische Verwicklungen standen unmittelbar bevor. Diese Situation gab Freidhoff den etwas wirren Gedanken ein, sich den Franzosen gegenüber zu erbieten, gegen Zahlung eines großen Geldbetrages den habsburgischen Thronprätendenten oder den Kaiser selbst oder aber auch den zum römischen König erwählten Sohn des Kaisers Joseph I. durch Gift umzubringen und mit Hilfe der Bürgeroffiziere den heranziehenden Franzosen die Tore der Stadt zu öffnen.

Freilich wollte Freidhoff diese Anschläge nicht wirklich ausführen, er hoffte vielmehr, damit aus den Franzosen genügend Geld herauszuschlagen, um seine zerrütteten Finanzen wieder in Ordnung zu bringen.

Nun konnte es aber auch einem Mann mit bescheidenen Geistesgaben nicht entgehen, daß ein solches Unterfangen in jedem Falle erhebliche Risiken in sich barg. Um diese Gefahren auszuschließen, verfiel Freidhoff auf den sonderbaren Gedanken, ein Schreiben in seinem Schreibtisch zu hinterlegen, in welchem er sein wahres Vorhaben enthüllte, die Franzosen als seine Erzfeinde bezeichnete und seine unverbrüchliche Treue und Anhänglichkeit zur kaiserlichen Majestät beteuerte. Dieses kuriose Schreiben beginnt: „Kund und zu wissen sei hiermit, daß ich Endunterschriebener heute benannten dato den 1. Februar a. 1701 dieses geschrieben habe, auf einem Dienstag, vormittags, als den Tag zuvor, nämlich am Montag, die Fechtschul in der Reichs-Kron allhier gehalten worden und dem Herrn Kerwaagen sein Hund ist erschlagen worden von den Fuhrleuten, hiermit zu bezeugen, daß Ich es damals geschrieben, was mein eigentliches Vorhaben ist gewesen, und mir zu meiner Entschuldigung diene, wann ich etwa dermaleins sollte in Haft kommen von wegen meines Unterfangens, und mir mein Leben kosten würde, wenn ich solches in Ernst vorgenommen hätte zu tun, darum habe ich dieses zuvor geschrieben." —

Als Freidhoff später einfällt, die Franzosen könnten vielleicht auch die Ermordung des Königs von England von ihm begehren, fügt er dem Schreiben unter dem 5. Juni 1701 akkurat einen Zusatz bei, der in die vorherigen Beteuerungen auch diesen Monarchen einbezieht.

Es war aber für Freidhoff nicht einfach, sein Vorhaben in die Tat umzusetzen. Im Jahre 1702 fügt er deshalb dem Schreiben noch einen Zusatz bei, in welchem er erklärt, er wolle die Sache nun mit Nachdruck betreiben. Trotzdem vergehen einige Jahre, ehe es Freidhoff gelingt, die notwendigen Kontakte herzustellen. Erst im Jahre 1707 findet er einen Franzosen, der sein Anerbieten weiterleitet. Er wird darauf nach Homburg in der Pfalz, das von den Franzosen besetzt gehalten wird, beordert und hat dort Gelegenheit, seine vorgeschützten Pläne höher gestellten Persönlichkeiten vorzutragen. Großes Vertrauen vermag er aber den Franzosen verständlicherweise nicht einzuflößen. Diese halten es im Gegenteil für möglich, daß Freidhoff ein Spion ist. Er wird nach Metz gebracht und dort festgehalten. Immerhin aber wollen sich die Franzosen wohl doch die Möglichkeit offen halten, Freidhoff für ein Unternehmen, wie er es vorgeschlagen hat, zu verwenden. Vielleicht auch halten sie es für möglich, daß Freidhoff als Bürgeroffizier tatsächlich bei entsprechenden militärischen Voraussetzungen mit Hilfe anderer Bürgeroffiziere die Stadt in ihre Hände bringen kann. So wird dieser merkwürdige Mann sehr gut behandelt: Er darf seinen Degen behalten, bekommt ein Kostgeld, das es ihm erlaubt, sich gut bewirten zu lassen.

Als Freidhoffs Frau erfährt, daß ihr Mann von den Franzosen festgehalten wird, wendet sie sich an angesehene Leute um Hilfe. Besonders der schwedische Resident Adlerflycht setzt sich für Freidhoff ein. Die Franzosen teilen jedoch mit, Freidhoff sei der Spionage verdächtig, er werde jedoch nicht wegen dieses Verdachtes, vielmehr wegen einer anderen wichtigen Sache festgehalten.

Der Rat erhält Kenntnis von dem ganzen Unternehmen durch den Pfarrer Ritter, der als Beichtvater der Frau Freidhoff Anzeige erstattet. Man hält sogleich Haussuchung, findet und beschlagnahmt das bewußte Schreiben Freidhoffs, in welchem er seine Absichten niedergelegt hat. Über Frau Freidhoff und deren Tochter wird der Hausarrest verhängt, es werden sogar Soldaten in das Haus gelegt. Der Kaiser erhält einen Bericht über die Sache, da dieser Fall als Verbrechen wider Kaiser und Reich der Jurisdiktion der Reichsstadt entzogen ist und vor den Reichshofrat gehört. Durch einen etwas obskuren Mittelsmann erfährt der Rat nicht viel später, Freidhoff habe diesem bei einem Besuch erklärt, er werde die Stadt Frankfurt den Franzosen übergeben, was nicht schwierig sei, da er mit den Bürgeroffizieren im Bunde sei, die ja jeden Tag die Schlüssel zu den Toren empfingen, schließlich sei ja auch die ganze Bürgerschaft auf der Seite der Bürger-Offiziere. Der Rat stattet den Mittelsmann mit Geldmitteln aus, um wiederum nach Metz zu reisen und weitere Erkundigungen einzuziehen. Der Mittelsmann verschwindet und taucht nicht mehr auf. Er jedenfalls hat aus Freidhoffs Plänen finanzielle Vorteile gezogen.

Der Rat schickt nun die Akte nach Wien, und es vergehen Jahre. Erst im Juli 1711 tritt eine neue Wendung ein, als die Franzosen Freidhoff entlassen.

Im August desselben Jahres richtet Frau Freidhoff an den Rat ein Gesuch, in welchem sie um Verzeihung für ihren Gatten und um die Erlaubnis zu dessen Rückkehr bittet: nur aus Geldnot habe ihr Mann diesen verzweifelten Schritt unternommen. Das Gesuch wird abschlägig beschieden. Als Freidhoff trotzdem im Frühjahr 1712 nach Frankfurt kommt, wird er verhaftet und, da er leidend ist, in das Hospital gebracht. Dort soll er bis zur Entscheidung des Falles durch den Kaiser in Verwahrung bleiben.

Freidhoff aber ist nicht nur körperlich leidend, er hat auch weitgehend seinen ohnehin nicht sehr stark entwikkelten Verstand verloren. So läßt sich der Rat durch die Bitten der Familie bewegen, Freidhoff nach Hause zu entlassen. Er wird dort freilich unter Bewachung gehalten. Im Januar 1715 bitten Frau und Kinder des armen Mannes nochmals den Rat, sich beim Kaiser zu Gunsten des körperlich und geistig leidenden Angeklagten zu verwenden. Am 20. Februar 1715 ergeht dann aus Wien auch das Urteil: Freidhoff wird als Majestätsverbrecher verurteilt, andern zum abschreckenden Beispiel auf einen öffentlichen Platz gestellt zu werden. Dort soll sein Manuskript durch den Scharfrichter verbrannt werden. Sodann soll Freidhoff weiter in leidlicher Haft gehalten werden. Am 12. April 1715 wird dieser Spruch auf dem Römerberg vollzogen. Ein Jahr später wird Freidhoff aus Anlaß der Geburt eines Prinzen vom Kaiser begnadigt.

Der Sohn des Scharfrichters und die Ärzte

(1766-1769)

Von einem höchst merkwürdigen Air sind zu allen Zeiten und in fast allen Kulturkreisen die Menschen umgeben, deren Amt es ist, nach Urteil und Recht Menschen zu töten. Verstand und Vernunft sprechen zwar gegen jedes Vorurteil. Aber die Gesellschaft fällt ihr Urteil über den Vollstrecker der eigenen Rechtssprüche dieser selben Gesellschaft nicht nach Verstand und Vernunft. Die allgemeine Meinung über die Henker entstammt Gefühlsbereichen, die sich dem Verstand entziehen.

Die Blutgerichtsbarkeit war in früheren Zeiten sichtbarer Ausdruck eigener staatlicher Macht. Der Galgen vor dem Stadttor oder im eigenen Landbezirk war Symbol der Souveränität. Und wer die Blutgerichtsbarkeit inne hatte, der nahm auch einen Scharfrichter in Dienst, selbst wenn dieser nur alle Jubeljahr einmal seines Amtes zu walten hatte.

In der Gesellschaftsordnung jener Zeit hatte jeder Mensch seinen bestimmten Platz. Unter allen aber, ja noch unter dem fahrenden Volk, stand der Scharfrichter, ein Verlorener, ein Aussätziger, im Diesseits gemieden, im Jenseits verdammt. Die Berührung durch den Scharfrichter machte unehrlich, ja selbst der zufällige Kontakt.

Mit der Übernahme der Strafgerichtsbarkeit durch den Rat erscheint auch in Frankfurt ein Scharfrichter. Im Jahre 1373 wird für ihn ein Jahresbetrag von zehn Gulden ausgesetzt, damit er in der Stadt wohnt und niemand anderem ohne Erlaubnis des Rates dient. Das Bürgerrecht aber wurde dem Scharfrichter verweigert. Im Gegensatz zu den übrigen Bürgern aber auch zu seinen Kollegen an anderen Orten erhielt er auch keine Schankerlaubnis. Die Wohnung des Scharfrichters wechselte im Laufe der Jahrhunderte, sie befand sich aber immer in einer verrufenen Gegend.

Der Scharfrichter hatte in Frankfurt mannigfache Aufgaben, die sich keineswegs mit der Vollstreckung der Todesurteile erschöpften. Im Ermittlungsverfahren hatte er die Folter vorzunehmen und bei deren ersten Grad die Folterwerkzeuge dem Inquisiten möglichst drastisch zu erklären. Weiter oblag es dem Scharfrichter, Selbstmörder am Galgen zu beerdigen oder, wie es in früherer Zeit üblich war, in ein Faß zu stecken und in den Main zu werfen.

Neben diesen Aufgaben im Dienst der Justiz waren dem Scharfrichter aber auch noch andere Obliegenheiten zugewiesen, die mit jenen gemeinsam hatten, daß sie als gering und unehrlich galten.

Dem Scharfrichter war regelmäßig die Wasenmeisterei übertragen. Das Amt des Abdeckers galt als noch verwerflicher und anrüchiger als die Tätigkeit als Scharfrichter. Die Diffamierung des Abdeckers hat sich auch noch länger gehalten als diejenige des Scharfrichters. Die regelmäßige Verbindung zwischen Scharfrichteramt und Abdeckerei hat daher den Scharfrichtern auch noch zu einer Zeit den Zugang zu bürgerlicher Anerkennung versperrt, als die Ausübung des Scharfrichteramtes selbst nicht mehr als untilgbarer Ehrenmakel angesehen wurde. Die Scharfrichter in Frankfurt haben das Amt des Wasenmeisters zwar als eine niedrige und unehrliche, aber dafür recht einträgliche Stellung empfunden. Sie hielten es aber für unter ihrer Würde, die Tätigkeit eines Schinders selbst auszuüben. In Frankfurt wurden die Abdeckerdienste von den Henkersknechten im Auftrag und natürlich vor allem für Rechnung des Meisters besorgt.

Eine weitere nicht eben zu den gehobenen Diensten zählende Pflicht des Scharfrichters in Frankfurt war es, für die Entleerung der Abortgruben in den Bürgerhäusern zu sorgen. Eine städtische Verordnung bestimmte die Durchführung und Entlohnung dieser Arbeiten, wobei angeordnet wurde, daß sie zur Nachtzeit vorzunehmen sei. Auch an dieser Arbeit beteiligte sich der Scharfrichter natürlich nicht in Person.

Die Einnahmen der Frankfurter Scharfrichter müssen daher schon aus diesen „amtlichen Funktionen" recht beträchtlich gewesen sein. War der Scharfrichter ursprünglich bei einem geringen Grundgehalt für jede von ihm durchgeführte Hinrichtung bezahlt worden, so beschloß der Rat im Jahre 1446, dem Scharfrichter den hohen Wochenlohn von einem Gulden zu geben, und dies mit der bezeichnenden Begründung, „auf daß der Rat seiner Wirkung unschuldig sei, sondern daß er allein ein Handlanger und Diener sei des Rechts". Neben diesen Einnahmen wußte sich der Scharfrichter oft auch noch erhebliche Nebeneinkünfte zu verschaffen. So standen manche Scharfrichter als Wundärzte in Ansehen. Wir haben gesehen, daß Jonas Molter seine Anstellung als Scharfrichter in Frankfurt seinem Ruf als Tierarzt verdankte. Scharfrichter handelten mit Heilmitteln mehr oder minder zweifelhafter Natur und Herkunft. Dies ergibt sich schon aus einer

Anordnung des Rates aus dem Jahre 1443, in welcher es dem Scharfrichter untersagt wurde, seine Verkaufsbude in der Stadt aufzustellen und obendrein auch noch mit dem Stadtwappen zu zieren.

Die Gestalt des Scharfrichters war stets von mancherlei Blutaberglauben umgeben. Diese abergläubige Scheu hat viel zu seiner Verrufenheit beigetragen. Sie eröffnete den Henkern aber auch eine weitere und sicherlich sehr lukrative Geschäftsmöglichkeit: den Handel mit Zaubermitteln und Glückbringern. Als solche galten der Henkersstrick, aber auch noch wesentlich unappetitlichere Gegenstände; ein Diebsdaumen galt beispielsweise als unfehlbares Mittel, stets Geld in den Beutel zu bringen.

Man sollte nun meinen, daß sich zu einem so elenden Beruf wie dem des Henkers nur auch charakterlich anrüchige Menschen hergaben. Das war aber bei den Scharfrichtermeistern sicherlich nicht der Regelfall, wenn auch mancher rohe Kerl mit versteinertem Gefühl unter ihnen gewesen sein mag. Meist entstammten die Scharfrichter Familien, in denen dieses Amt seit Generationen geübt wurde. Der Beruf und das eingezogene Leben, zu dem sie verdammt sind, macht die Scharfrichter zu nachdenklichen und auf ihre Weise geistig aufgeschlossenen Menschen. Mancher Scharfrichter hat ein Tagebuch geführt und sich darin als ein Mann erwiesen, der sich an geistigen Fähigkeiten und Einsichten wohl mit seinen gebildeten Zeitgenossen vergleichen läßt. So der Nürnberger Scharfrichter Schmid, der sich weigerte, Strafen zu vollziehen, die er für zu grausam hielt, oder ein vormaliger Scharfrichter von Eger, der sich als Sammler von Mineralien des Kontaktes mit Goethe und sogar dessen Besuches rühmen durfte.

Von den Frankfurter Scharfrichtern darf man wohl behaupten, daß sie reicher und vielleicht auch gebildeter waren als mancher adlige Zeitgenosse. So erscheint der Scharfrichter in Frankfurt gekleidet wie ein großer Herr. Dieser Umstand hat den Rat einmal veranlaßt, den Scharfrichtern vorzuschreiben, am Ärmel von Rock und Mantel einen rot-weiß-grünen Lappen zu tragen. Es war nämlich vorgekommen, daß Fremde den elegant gekleideten Meister auf der Straße devot gegrüßt hatten. So war die Stellung des Scharfrichters zwiespältig: Auf der einen Seite gehörte er zu der niedersten Klasse der Unehrlichen, galt als Verdammter, die Berührung mit ihm machte unehrlich, und noch seine Kinder und Kindeskinder galten als nicht zunftfähig und waren daher von jedem ehrlichen Handwerk ausgeschlossen. Auf der anderen Seite aber genoß der Verfemte oft Ansehen als Arzt und Magier, wurde heimlich auch von Mitgliedern der höheren Stände konsultiert und um Wundermittel angegangen. Freilich überwog der Abscheu vor dem Henker bei weitem. Er ist aus der bürgerlichen Gesellschaft ausgestoßen und muß sich „allein halten, wie es seinem Amte zusteht, und sich unter die Gemeinschaft nicht mengen", wie es in einer Anweisung des Rates heißt.

Das Zeitalter der Aufklärung führte auch eine vernünftigere Beurteilung des Scharfrichters und seiner Tätigkeit herauf. Strenge Standesunterschiede zu überwinden, war ja das erklärte Ziel dieser Geistesrichtung. Nach Vermögen und Bildung aber waren die Scharfrichter längst dem gehobenen Bürgertum gleichzusetzen.

Begünstigt wurde diese Entwicklung dadurch, daß die Strafjustiz in jener Zeit humaner geworden war und die

Scharfrichter deshalb nur noch selten öffentlich ihr Amt auszuüben hatten. Hatte mancher jüngere Scharfrichtersohn früher ohne Aussicht auf das Amt des Vaters nur gemeiner Henkersknecht werden können, so eröffnete sich ihm jetzt im 18. Jahrhundert die Möglichkeit des Studiums und damit der Aufstieg zu höherem sozialen Ansehen. Freilich glatt ging es auch damals noch nicht immer, wie wir gleich sehen werden.

Der Frankfurter Scharfrichter Johann Anton Hofmann hatte drei Söhne. Der älteste Sohn war bereits Scharfrichter in Großgerau, der nächst jüngere sollte ebenfalls Scharfrichter werden, vielleicht Nachfolger des Vaters. Der dritte Sohn aber, Johann Michael Hofmann, war Mediziner geworden.

Schule und Studium hatte der junge Mann ohne Schwierigkeiten und Anfeindungen absolvieren können. Der Vater war in jenen Tagen Scharfrichter in Marburg gewesen. Der Sohn aber hatte dort das fürstliche Pädagogium besucht und bei der Schulentlassung sogar die Abschiedsrede halten dürfen. In der Schule hatte er mit seinen Mitschülern Umgang gehabt, sie besucht und war von ihnen besucht worden. In Marburg wurde der junge Mann auch sogleich zum Studium der Medizin an der Universität zugelassen, folgte später einem seiner Professoren nach Göttingen und schloß schließlich an der Universität zu Straßburg diese Studien mit Lizentiat und Promotion zum Doktor der Medizin ab. Die zum Erwerb des Lizentiats verfaßte Streitschrift hatte Hofmann dem Rat von Frankfurt gewidmet. Dieser hatte die Widmung angenommen und mit einem Geldgeschenk dotiert.

Nach so erfolgreichem Abschluß der Studien wollte

sich der junge Doktor in Frankfurt als Arzt niederlassen. Hierzu war der Erwerb des Bürgerrechts und die Aufnahme in die Ärzteschaft Voraussetzung. Nichts schien nach den bisherigen Erfahrungen diesen Formalitäten im Wege zu stehen. Dr. Hofman beantragte beim Rat die Erteilung des Bürgerrechtes, wobei er sich zugleich erbot, als Schatzung den beachtlichen Betrag von tausend Gulden zu erlegen und keine andere Frau zu heiraten als die Tochter oder Witwe eines Frankfurter Bürgers.

Um die Aufnahme in die Ärzteschaft zu erwirken, machte Dr. Hofmann bei den Vorsitzenden des Frankfurter Ärztekollegiums offizielle Besuche. Die Ärzte Dr. Gladbach, Dr. Pettmann und Dr. Gramann empfingen ihn mit ausgesuchter Höflichkeit. Allein der berühmte Dr. Senckenberg empfing Dr. Hofmann nicht und ließ sich auch bei wiederholten Vorsprachen verleugnen. Von Dr. Hofmann nunmehr auf der Straße angesprochen, erklärte Senckenberg, er habe Bedenken, sich unter den bekannten Umständen mit Dr. Hofmann in ein Gespräch einzulassen.

Am 7. April 1766 geht dem Rat offenbar auf Betreiben Senckenbergs eine von den Vorsitzenden der Ärzteschaft unterzeichnete Protestschrift zu, die bereits in ungewöhnlicher Schärfe abgefaßt ist. Die Ärzte rufen darin den Rat als Beschützer der Wissenschaften an und tragen vor, es gereiche dem ganzen Stande zur Unehre, wenn ihnen ein solcher Kollege aufgezwungen werde, ein Abkömmling des Abscheus der menschlichen Gesellschaft, „welcher durch seine Knechte Pferde abziehen und Äser schinden und Hunde totschlagen lässet“, der buchstäblich von Menschenkot fett und reich werde. In dem Schreiben weisen die Mediziner auf — damals schon nicht mehr gültige — Reichspolizeiordnungen hin, nach denen kein Abkömmling eines Henkers zu einem ehrlichen Handwerk, viel weniger aber zur Medizin zugelassen werden könne. Die Tatsache, daß Hofmann ja an verschiedenen Universitäten studiert hat und die Fakultäten gegen seine Person und Herkunft keine Bedenken erhoben hatten, glauben die Ärzte durch eine böswillige Unterstellung gegen Hofmanns letzte Universität Straßburg bagatellisieren zu können. Sie schreiben: „Da wir die klaren Worte der Reichsgesetze vor uns haben, so sehen wir die geldgierigen Gründe einer französischen medizinischen Fakultät, indem gewinnsüchtige Absichten fremder Universitäten ebensowenig wie bloße Rechtsmeinungen Gesetze des Reiches umstoßen können."

Der Rat zeigt sich beeindruckt von diesem Pamphlet und beschließt am 8. April 1766, Dr. Hofmann das Bürgerrecht und die Aufnahme in die Ärzteschaft zu verweigern.

Dr. Hofmann erhebt gegen diesen ablehnenden Ratsbeschluß Gegenvorstellungen. Der Rat läßt sich nun ein Gutachten seiner Syndici anfertigen. Dieses Gutachten äußert sich dahin, daß keinerlei Rechtsgrund vorhanden sei, Dr. Hofmanns Gesuch abzulehnen. Es wird jedoch zu bedenken gegeben, daß der Rat mit einer Zulassung Dr. Hofmanns die ganze Ärzteschaft gegen sich aufbringe. Und dies ist denn auch für den Rat entscheidend. Durch Ratsdekret vom 27. Mai 1766 wird Hofmanns Antrag abermals abschlägig beschieden.

Der junge Arzt aber läßt nicht nach: Dr. Hofmann betraut den Anwalt Dr. Stubenrauch nunmehr mit der

Sache, einen Anwalt, der, wie es in einem seiner Schriftsätze heißt, „von den Wissenschaften und ihrer Freiheit etwas höher zu denken pflegt". Zugleich auch bewährt sich der enge Zusammenhalt der Scharfrichter, dank dessen Hofmann eine beachtliche Anzahl erstaunlicher Präzedenzfälle anführen kann. Sein Schriftsatz, den er nun einreichen läßt, gibt zahlreiche Beispiele dafür an, daß Scharfrichter durchaus nicht als unehrlich angesehen werden. Unter anderem kommt zur Sprache, daß Hofmanns Onkel, der Bruder des Frankfurter Scharfrichters, ebenfalls den Doktorgrad erworben hat. Ein früherer Scharfrichter von Kassel hat es zum Leibarzt des Königs von Dänemark und zum Freiherrenstande gebracht. Eindrucksvoll sind die Argumente Hofmanns und seines Anwalts: Der Sohn soll nicht für den Vater leiden. Wie aber steht es denn mit den Bedenken, die sich gegen seine Person und die seines Vaters erheben? Die Ärzte würden keine Bedenken haben, den Sohn eines Enthaupteten oder eines Gehenkten aufzunehmen. Sie würden vielleicht sogar jemanden aufnehmen, der nicht einmal Scharfrichter werden könne! Der Scharfrichter aber, dieser nötige Diener der Gerechtigkeit, der Vollstrecker der von Gott gebilligten Befehle der Obrigkeit, er und sein Sohn sind unehrlich! Warum? Weil der Pöbel den Vater für infam hält. Was ist das für ein Pöbel? Bei den alten Deutschen gab es keinen Scharfrichter. Priester vollstreckten die Urteile! „Ich kann mir nicht vorstellen", heißt es weiter wörtlich, „daß in unserem erleuchteten Jahrhundert diejenigen, welchen Gott das Genie zum studieren und das Vermögen zu den damit verknüpften vielen Kosten geschenkt hat, in eine Notwendigkeit versetzt werden, ihre Talente zu vergraben oder etwas zu erwählen, wozu sie keine Lust empfinden, weil ihre Eltern einen Stand haben, welcher nicht mit unter die geehrtesten in einer Republik gehöret."

Die Ärzte lassen sich nunmehr ebenfalls von einem Anwalt, Dr. Lyncker, vertreten, der in seiner Gegenschrift den gegnerischen Kollegen nun auch persönlich angreift. Er schreibt: „Es ist höchst zu verwundern, daß der Sohn eines Quadrupel-Schinders hier einen Advokaten gefunden, welcher sich die Mühe gemacht, denselben unter hiesige Doctores Medicinae, mithin in das Collegium Graduorum zu bringen, folglich ihn zu seinem eigenen Kollegen zu machen, sich eifrigst bestrebt. Das sind nicht Justiniani honores, o tempora, o mores!"

Dieser Angriff fällt aber sogleich auf den Anwalt der Ärzte zurück, denn Dr. Stubenrauch teilt umgehend mit, Dr. Lyncker selbst habe in einem Cafe in der Mainzer Gasse erklärt, er hätte die Verteidigung Hofmanns mit bester Aussicht auf Erfolg übernommen, wenn Dr. Hofmann ihn darum gebeten hätte.

Die Ärzte gehen aber noch weiter. Sie veranstalten eine Protestversammlung der Akademiker, die mit einer Unterschriftenaktion verbunden ist. Hofmanns Anwalt nimmt an dieser Versammlung teil, da er als Akademiker ja eingelassen werden muß. Etwa zwanzig Personen sind erschienen. Der Anwalt protestiert und führt aus, zu einem gemeinsamen Beschluß sei die Anwesenheit von mindestens zwei Dritteln aller Akademiker erforderlich, hierzu seien aber auch als Betroffene alle Ratsherren und Schöffen und auch die Hinterbliebenen von verstorbenen Akademikern zu laden gewesen. Das Ergebnis der Versammlung apostrophiert Hofmanns Anwalt in einem der weiteren Schriftsätze: „Wir sollen nichts beischießen, nur ein kleines Schriftchen übergeben? O da waren alle Anwesenden bald gehorsame Diener. Ohne die Frage, ob man ihn annehmen solle, zu zergliedern, sagte eine Stimme nach der anderen ein erbauliches ‚Ja'. Es kostete ja kein Geld. Und die Ehre des Nächsten, je nun, man kann ja wohl den Physikern zu Gefallen einmal einen Menschen unglücklich machen."

Die Ärzte berufen sich erneut auf die alten Reichspolizeiordnungen von 1548, 1577 und 1731. Aber nur die zu jener Zeit nicht mehr gültigen Ordnungen des 16. Jahrhunderts konstatieren die „Unehrlichkeit" der Scharfrichter und deren Abkömmlinge bis zur zweiten Generation, während die Reichspolizeiordnung von 1731 diese Rechtsminderung nur noch für Abdecker vorsieht. Hofmann antwortet hierauf: „Wenn ich der Sohn eines Abdeckers wäre, der ich doch nicht bin, so müßte ich gleichwohl aufgenommen werden können. Gelehrten kommt es zu, die törichten Vorurteile gemeiner Leute zu bekämpfen und durch ihr Vorbild auszurotten, damit Deutschland auch einmal anfangen möge, die Beurteilung der Personen von ihnen selbst und nicht von den Nebenumständen der Geburt oder des Vermögens herzuleiten." Weiter läßt Hofmann, was auf den Rat entscheidenden Eindruck macht, durchblicken, er werde seine Sache vor den Kaiser bringen, wenn man sein Gesuch neuerlich abweise. Noch einmal faßt er über die Gesetzesbestimmungen hinaus in geradezu dramatischer Form all das zusammen, was für ihn und sein Recht spricht: „Ich wiederholte in meinem betrübten Herzen dasjenige, was ich gegen mich in den Schriften meiner Herren Gegner gelesen hatte, und erschrak über die Folgen, welche man daraus ziehen muß, wenn man weniger als ich überzeugt ist, daß Ihre Wohlgeborene von meiner Ehrlichkeit andere Begriffe haben müssen. Ich stellte mir mein Unglück vor, ich überdachte den Fleiß, welchen ich durch die Gnade Gottes auf die Wissenschaften gewendet, die Mühe, die ich mir gegeben, das Glück, welches ich gehabt, von dreien Universitäten in die Zahl ihrer akademischen Bürger aufgenommen zu werden, den Rang und die Ehre, welche man mir in Straßburg auf einer kaiserlich privilegierten Schule ohne Widerrede erteilt, und beweinte mein Schicksal, daß alles dies umsonst sein soll und daß man einen gewissen Schandflecken von meiner Geburt auf mich ableiten und dem Volk als verachtet und unwürdig vorstellen will. Also hat meines Vaters Stand einen Flecken, welcher auf mich unschuldigen Menschen, der sich seinen Vater nicht hat wählen können, fortgepflanzt wird? Also darf man meinen Vater mit unredlichen Namen benennen? Also ist der Mörder oder Dieb ehrlicher, da die Kinder dieser Leute unter die Anzahl der Bürger, Ärzte, der Gelehrten und Graduierten aufgenommen werden! Ehrlicher als derjenige und die Kinder dessen, welcher dem Mörder auf Geheiß Gottes und der Obrigkeit das Schwert bringt und den Störer der öffentlichen Ordnung und Sicherheit durch gesetzliche Mittel aus dem gemeinen Wesen wegschafft!“

Endlich beugt sich nun der Rat der höheren Einsicht, die freilich erst durch die drohende Anrufung des Reichshofrates durch Dr. Hofmann das Übergewicht gewinnt. Der Rat beschließt nunmehr am 3. Juni 1766, daß man Dr. Hofmann mit „dem erbetenen Bürgerrecht willfahren möge“, jedoch mit der Auflage, daß er keine andere heirate als eines Bürgers Tochter oder Witwe. Außerdem soll Dr. Hofmann zur Ausübung der ärtzlichen Praxis zugelassen werden.

Nun aber appellieren die Ärzte gegen diesen Beschluß beim Reichshofrat zu Wien, der kaiserlichen Beschwerdeinstanz des Reiches. Als Dr. Hofmann zur Ableistung des Bürgereides erscheint, wird er daher bis zur Entscheidung dieser höchsten Instanz zurückgewiesen.

Die Ärzte haben aber noch ein übriges getan: Sie haben ihre Ausführungen drucken und außerhalb Frankfurts verbreiten lassen. Dr. Hofmann tut es ihnen gleich, läßt auch seine Schriftsätze drucken und dem Reichshofrat, dem Rat, der Priesterschaft, allen Akademikern der Stadt und den bürgerlichen Gesellschaften zugehen. Hierdurch wird der Fall natürlich auch über die Grenzen Frankfurts hinaus bekannt. Die Reaktion der öffentlichen Meinung ist eindeutig zugunsten Dr. Hofmanns. Das Thema ist aktuell geworden und wird behandelt: Es werden in der Zeitung zwei Kanzelreden abgedruckt und besprochen, die für verstorbene Scharfrichter gehalten worden sind, und in einer Zeitschrift wird der ganze Fall abgehandelt, ohne Namensnennungen freilich, aber doch leicht durchschaubar.

Immerhin haben die Ärzte mit ihrer Beschwerde den traurigen Erfolg, daß die ganze Angelegenheit in der Schwebe bleibt. Erst nach drei Jahren ist das erlauchte Gremium in Wien soweit, die Sache zu behandeln. Der Rat wird zur Stellungnahme aufgefordert. Er bestätigt, daß sich der Scharfrichtermeister selbst nicht mit Abdekkerarbeiten abgibt. Im übrigen gibt sich der Rat nun selbst als Wegbereiter des Fortschritts und tut so, als seien ihm nie Bedenken gegen die Zulassung Hofmanns gekommen. Im Brustton tiefster und ständiger Überzeugung wird der große Rechtsgelehrte Thomasius zitiert: „Es ist nicht unbilligeres als die Fehler der Eltern deren Kindern gegen alle natürlichen, göttlichen und menschlichen Gesetze zur Last zu legen."

Nochmals geht über ein halbes Jahr nach dieser eindeutigen Stellungnahme ins Land. Am 7. August 1769 endlich wird die Appellation der Ärzte durch kaiserliches Reskript Joseph II. verworfen.

Dr. Hofmann sucht nochmals um Gewährung des Bürgerrechts und Zulassung zur Ärzteschaft nach, und der Rat beschließt am 17. August 1769, man solle ihm in beiden Stücken auf der Stelle willfahren.

Noch am selben Tage legt Dr. Hofmann den Bürgereid in die Hände des älteren Bürgermeisters ab. Er wiederholt seine Besuche bei Dr. Gladbach, Dr. Gramann und Dr. Pettmann, welch letzteren er jedoch nicht antrifft. Dr. Senckenberg aber empfängt auch jetzt noch nicht den Kollegen, der für ihn eben der verworfene Scharfrichtersohn bleibt.

Am 25. August tritt das Sanitätsamt unter dem Vorsitz der beiden Bürgermeister zusammen. Senckenberg fehlt auch hier, und Dr. Hofmann meint in seinem abschließenden Bericht hierzu ironisch: „Dr. Hofmann beklagt sehr, daß vermutlich eine Unpäßlichkeit den verehrungswürdigen Herrn Doktor und Hofrat Senckenberg abgehalten, welcher bei seinem humanistischen Charakter, bei seiner vernünftigen Denkungsart, Menschenliebe und Unterwürfigkeit unter kaiserliche Befehle gezeigt haben würde, daß auch ihm die siegende Sache gefalle."

Die Abwesenheit Senckenbergs tut indes nichts zur Sache. Dr. Hofmann leistet das Handgelöbnis, sich der Medizinalordnung gemäß zu verhalten. Sodann wird er in die Liste der Frankfurter Ärzte eingetragen.

Weiter berichtet Dr. Hofmann: „Die Herren Graduierten aller Fakultäten haben in Frankfurt eine Gesellschaft untereinander und alle, wenigstens diejenigen, welche den Nutzen einer solchen Gesellschaft einsehen — denn nicht alle sehen ihn ein — und den größten Teil ausmachen, treten mittels eines geringen Beischusses in dieselbe. Dr. Hofmann erbot sich dazu und wurde ohne Widerrede gleich anderen am 28. August 1769 aufgenommen."

Die Akte über den Streit des Scharfrichtersohnes mit den Ärzten schließt mit den schönen Worten, „daß endlich in Frankfurt alles Vorurteil verschwunden und jedermann eingesehen hat, daß wir für nichts, als ein jeder für seine Person, dem gemeinen Wesen zu stehen hat, und aller Glanz, der anderswo hergenommen und von dem Stand, dem Ansehen, Rang und Vorzügen der Voreltern erbettelt wird, eine leere Eitelkeit und Torheit ist".

Die Frankfurter Gretchen-Tragödie

(1771-1772)

Über alle Kriminalfälle wurde in der Reichsstadt Frankfurt ein Register geführt. Dieses Register füllt mehrere dicke Bände. Unter dem Jahr 1772 findet sich dort eine Eintragung, die weit über den sonst üblichen Inhalt hinausgeht. Zu dem Fall der Susanna Margaretha Brand heißt es dort: „Diese Inquisitionsakten sind deshalb besonders bemerkenswert, weil ein ehrbarer Rat die Schwertstrafe ohne Verschickung der Akten (an die juristische Fakultät einer auswärtigen Universität) dieser grausamen Kindsmörderin zuerkannt hat und sehr ausführliche Berichte, was vor, bei und nach der an der Hauptwache am Rohrbrunnen vollzogenen Exekution sich zugetragen hat, sich dabei befindet."

Besonderes Interesse aber gewinnt der Fall dadurch, daß in Susanna Margaretha Brand das historische Gretchen aus Goethes Faust zu erblicken ist.

Dieser Kriminalfall kann auch heute noch bis in alle Einzelheiten rekonstruiert werden, denn die umfangreichen Akten geben jedes Detail wieder, ja es findet sich darin sogar noch eine kleine Schere, welche die Angeklagte bei der Tat benutzte und die ihr später abgenommen wurde. Besonders ausführlich ist der Bericht über den Vollzug der verhängten Strafe. Offenbar wollte man sich damit ein Muster für etwaige spätere Fälle anfertigen.

Vor allem aber wurde die Tat als eine ganz außerordentliche und bestialische empfunden. Deshalb kann Goethe nur an diesen Fall gedacht haben, wenn er in Dichtung und Wahrheit schrieb: „Es fehlte in der bürgerlichen Ruhe und Sicherheit nicht an gräßlichen Auftritten. Bald weckte ein Brand uns aus unserem Frieden, bald setzte ein großes Verbrechen, dessen Untersuchung und Bestrafung die Stadt auf viele Wochen in Unruhe. Wir mußten Zeugen von verschiedenen Exekutionen sein." Letzteres trifft allerdings kaum zu. Exekutionen waren zu Goethes Zeiten in Frankfurt sehr selten geworden, und außer der Hinrichtung der Susanna Margaretha Brand ist nur noch ein Fall festzustellen, den Goethe miterlebt haben kann. Indes hat Goethe diese Sätze in „Dichtung und Wahrheit" aus der Rückschau fast eines Menschenalters geschrieben, denn so lange lag damals das Geschehen des Jahres 1771 zurück. Wie aber mußten die Ereignisse auf den jungen Mann wirken, der im Herbst 1771 aus Straßburg zurückkehrte. In Sesenheim war ein Mädchen zurückgeblieben, allein, verlassen, unglücklich durch die Schuld eben dieses jungen Mannes. Und in Frankfurt: Gar nicht weit vom großen Hirschgraben entfernt, im Katharinenturm, wartete eine andere Unglückliche auf den Tod, ein Opfer seiner Liebe, seines Stolzes, seiner Scham. War es nicht so als wollte das Schicksal den Dichter in den Abgrund von Schuld und Verzweiflung blicken lassen, den auch sein eigenes Verhalten aufgerissen haben konnte. Und wie nahe wurde dem jungen Goethe dieser Fall gebracht: Im Hause Goethe ließ man sich eine vollständige Abschrift der Akten anfertigen. Ein Verwandter von Großmutterseite her, Dr. Lindheimer, führt die Untersuchung. Der einstige Hauslehrer im Hause Goethe, Johann Heinrich Thym, fertigt den Haftbefehl, und Goethes Onkel, der Bürgermeister Johann Jost Textor, verkündet das Todesurteil und instruiert den Scharfrichter. Ja die Verbindungen gehen noch in das rein Zufällige: Goethes früherer Arzt, Dr. Metz, hat Susanna Margaretha Brand untersucht und durch seine Fehldiagnose den Entschluß zur Tat sicher weiter gefördert, ja diese erst ausführbar erscheinen lassen.

Welches Drama nun mußte Goethe miterleben: Susanna Margaretha Brand, dreiundzwanzig Jahre alt, war die Tochter eines Soldaten, der in Frankfurt gedient hatte. Die Eltern waren verstorben. Es lebten aber noch zwei verheiratete Schwestern in der Stadt. Ein Vetter ist Soldat in Frankfurt, Soldat, wie im Drama Gretchens Bruder Valentin, und wie dieser in tragischer Weise mit dem Fall befaßt. Seit dreieinhalb Jahren ist Susanna Margaretha als Dienstmagd bei der Witwe Bauer in deren großem Gasthaus beschäftigt. Sie hat sich nach dem Zeugnis der Dienstherrin stets ordentlich gehalten. In dem Gasthaus lernt sie den Bediensteten eines holländischen Kaufmanns kennen, dessen Namen sie später verschweigt und angeblich nicht mehr weiß. Nach einigen Gläsern Wein ist Susanna Margaretha, wie sie später berichtet, in Hitze geraten und hat dem Liebhaber nicht widerstehen können. Sonst hat sie mit keinem Manne zu tun gehabt und sich auch diesem Mann nur dieses eine Mal hingegeben. Der ist noch einige Tage mit seinem Herren geblieben und dann auf Nimmerwiedersehen abgereist. Grenzenloses Entsetzen, Scham und Angst müssen das Mädchen ergriffen haben, als sie ihre Schwangerschaft bemerkte. Sie beschließt, das Kind zu beseitigen und meint, in dem großen

Haus werde es ihr gelingen, das Kind heimlich zur Welt zu bringen, zu töten und den Leichnam zu beseitigen. Vorerst aber setzt Susanna Margaretha Brand ihre ganze Energie daran, die Schwangerschaft zu verheimlichen, ein nahezu aussichtloses Unterfangen, das ihr aber gleichwohl gelingt. Scham und Angst geben ihr die Entschlossenheit und das energische Auftreten, wider allen Augenschein ihren Zustand zu leugnen. So redet sie ihrer Arbeitgeberin ein, sie habe einen so maßlosen Zorn in sich schlingen müssen, daß ihr Leib davon geschwollen sei. An die Brunnenszene im Faust erinnert das Gespräch mit einer älteren Frau, die ebenfalls als Dienstmagd in dem Gasthaus beschäftigt ist. Diese spricht Susanne Margaretha beim Wäschewaschen an, es gehe das Gerede sie sei schwanger. „Ich möchte viel Dreck haben, um den Leuten die Mäuler zu stopfen", fährt sie Susanna Margaretha darauf an. Nicht ganz überzeugt, will die alte Magd Susanna helfen, die Wäsche auf den Boden zu tragen. Susanna leidet dies aber nicht. Da Susanna Margaretha aber offensichtlich nicht ganz gesund ist, wendet sich die Dienstherrin an Ursula König, die eine der verheirateten Schwestern, und diese ruft die andere Schwester, Frau Hechtel. Beide Frauen untersuchen Susanna Margaretha, können aber keine eindeutigen Feststellungen treffen. Der Arzt Dr. Merz wird zugezogen, aber auch er kommt zu keinem eindeutigen Ergebnis. Die beiden älteren Schwestern reden Susanna Margaretha mehrfach gut zu, sie solle doch um Gottes Willen gestehen, ob sie schwanger sei, es habe ja nichts zu sagen. „Du bist die erste nicht und wirst die letzte nicht sein." — „Sie ist die erste nicht!" hören wir dabei auch Mephisto zynisch bemerken. — Aber auch das verständnisvolle Zureden der Geschwister vermag nicht die verkrampfte Haltung des Mädchens zu lösen. Das Gewitter, das gerade am Himmel stehe, möge sie erschlagen, wenn sie ein Kind erwarte, gibt Susanna Margaretha zur Antwort.

Der Witwe Bauer ist indes diese zumindest gesundheitlich nicht mehr auf der Höhe stehende Dienstmagd nicht mehr genehm. Sie kündigt. Die Geschwister dringen aber darauf, daß Susanna Margaretha noch bis zum ersten August beschäftigt bleibt, damit sie während der Messe in dem Gasthaus die dann reichlicher fließenden Trinkgelder zu ihrem Lohn noch mitnehmen kann.

Am ersten August wird Susanna Margaretha der Lohn ausgezahlt. Sie bleibt aber in dem Gasthaus und wäscht am Nachmittag noch. Dann wird ihr unwohl. Die Witwe Bauer gibt ihr Tee und rät, sie möge nun zu einer der Schwestern gehen und sich für einige Zeit erholen. Susanna Margaretha aber schleicht sich in die Waschküche und bringt dort ihr Kind zur Welt. Dann aber muß es wie Raserei über sie gekommen sein. Sie tötet das Kind und richtet es so entsetzlich zu als sei es allein die Verkörperung einer unsäglichen Schande. Den Leichnam auf dem Schoß in der Schürze hockt sie noch eine Weile in der Waschküche, schleppt sich dann in den Stall und versteckt die Leiche im Stroh unter der Krippe. Danach kauert sie erschöpft auf der Kellertreppe nieder. Abends um neun Uhr wird sie dort von der beunruhigten Schwester Maria Hechtel gefunden, die vergeblich zu Hause auf sie gewartet hat. Susanna Margaretha übernachtet bei der Schwester. Frau Hechtel aber stellt an der Unterkleidung der Schwester am nächsten Morgen untrügliche Zeichen der

Geburt fest. „Du infames Mensch, wo hast Du Dein Kind?“ fährt sie die im Bett liegende Schwester an. Die andere Schwester, Frau König, wird nun schnell herbeigeholt, und nun kann Susanna Margaretha nicht mehr leugnen. Die Schwestern laufen zu dem Stall des Gasthauses, um nach dem Kind zu forschen, wahrscheinlich aber, um der Schwester Gelegenheit zu geben, sich aus der Stadt davon zu machen, ohne sich dabei dem Verdacht der Begünstigung auszusetzen.

Susanna Margaretha verläßt auch sogleich das Bett und zieht sich an. Mit sechs Batzen in der Tasche flieht sie zum Bockenheimer Tor hinaus. Mit dem Marktschiff will sie von Höchst aus nach Mainz fliehen. Aber sie erreicht das Schiff nicht mehr. Ein Schiffer fährt sie in seinem Nachen hinter dem Marktschiff her. Das kostet die Hälfte ihrer Barschaft. Die andere Hälfte muß als Fahrgeld für das Marktschiff gezahlt werden. Ohne einen Pfennig Geld in der Tasche kommt die junge Frau in Mainz an. Für 24 Kreuzer verkauft sie ihre silbernen Ohrringe bei einem Goldschmied. Auf der Straße spricht sie eine Dienstmagd nach Arbeit an. Die weist sie an das Gasthaus zum Hirsch. Aber Susanna Margaretha Brand kann in ihrem Zustand keine Arbeit leisten. Sie übernachtet in Mainz. 24 Kreuzer aber reichen nicht lange, vielleicht gerade für Übernachtung und Rückfahrt nach Frankfurt. Ohne Geld, krank und geschwächt, einsam und hilflos, weiß sich das arme Mädchen keinen Rat. So fährt sie denn am nächsten Morgen, Samstag, dem dritten August 1771, nach Höchst zurück und läuft zu Fuß nach Frankfurt. Am Tor wird sie sogleich nach dem inzwischen ergangenen Steckbrief erkannt und festgenommen.

In Frankfurt war die Tat nämlich schon längst ruchbar geworden. Am Morgen der Flucht hatten die Schwestern den Leichnam des Kindes leicht gefunden. Sie warteten aber mit der Anzeige bis zum Abend, bis sie ihre flüchtige Schwester in Sicherheit glauben durften. Die Aussagen wurden aufeinander abgestimmt, daß man ihnen möglichst nichts vorwerfen könne. Dann ging Frau König zum Rathaus und erstattete beim jüngeren Bürgermeister Anzeige. Allerdings sagt sie zunächst nicht von der Kindestötung, sie spricht nur von den Anzeichen einer heimlichen Geburt. Mit der Untersuchung wird der Sergeant Brand, der Vetter Susanna Margarethas, beauftragt. Er muß sich in den Gasthof begeben. Alsbald findet er den Leichnam des Kindes im Stall. Brand erstattet Meldung und bittet später, wegen seiner Verwandschaft zu der Täterin nicht mehr herangezogen zu werden.

Eine medizinische Untersuchung der Leiche bestätigt, was schon der Augenschein zeigt: Das Kind ist auf geradezu bestialische Weise umgebracht worden. Sofort beginnt die Untersuchung. Die Schwester, die Arbeitgeberin, die alte Dienstmagd werden verhört. An alle Stadttore wird eine Personenbeschreibung Susanna Margarethas gegeben. Sie führt zur Verhaftung.

Die Verhaftete wird zunächst auf die Hauptwache gebracht, dann auf den Katharinenturm und schließlich auf Befehl des jüngeren Bürgermeisters in das Spital.

Bei der ersten Vernehmung im Spital am vierten August unternimmt die Verhaftete den aussichtlosen Versuch, die Tat zu leugnen: Das Kind sei tot geboren und habe die Verletzungen durch einen zufälligen Fall auf die Steinplatten der Waschküche erhalten.

Am nächsten Tage kommt es zu einer schauerlichen Szene in der Amtsstube des Spitals. Die Inquisitin wird dorthin gebracht. Man zeigt ihr den schrecklich verstümmelten Leichnam des Kindes. Die Verhaftete wird bald bleich bald rot und schreit auf: „Herr Jesus, das ist mein Kind. Ich habe keine Hand daran gelegt!“ Es bedarf aber nur weniger Vorhaltungen, und Susanna Margaretha gesteht die Tat.

Die Verhaftete befindet sich aber in so schlimmer körperlicher und seelischer Verfassung, daß man weitere Verhöre zunächst unterläßt. Erst nach nahezu zwei Monaten kann die Leitung des Hospitals melden, die Verhaftete sei zwar noch nicht ganz wieder hergestellt, jedoch durchaus transportfähig. Darauf wird sie in den Katharinenturm verlegt. Man beläßt ihr jedoch das Bett und warme Speisen. Am 10. und 11. Oktober finden eingehende Verhöre statt. Zum Schluß, nachdem die Beschuldigte über alle Umstände der Tat ausführlich berichtet hat, wird sie gefragt, was sie zu ihrer Verteidigung vorzubringen habe. Susanna Margaretha Brand antwortet, sie wisse nichts und wolle nur untertänigst bitten, ihr einen Geistlichen zu schicken, der mit ihr beten möge. Auf die Frage, ob sie sonst ein Anliegen habe, antwortet sie, seit sie ihr Herz ausgeschüttet habe, sei ihr viel leichter, nein, sie hätte keine weiteren Wünsche. Der Pfarrer Willemer wird der Beschuldigten zugeordnet. Er zieht zu seiner Unterstützung noch den Pfarrer Hilgenbach zu.

Am 26. Oktober 1771 bestellt der Rat Dr. Schaaf zum Verteidiger der Angeklagten und leitet ihm am 1. November die Akten zu. Dem Verteidiger wird auch Zugang zu der Verhafteten gewährt.

Der Verteidiger legt am 23. November die Verteidigungsschrift vor. Er weist darin zunächst auf die Schwierigkeiten hin, vor denen die Verteidigung in einem solchen Falle stehe. Dann wird der vergebliche Versuch unternommen, klar erwiesene Tatsachen zu leugnen. Der Verteidiger behauptet, die Aussagen der Beschuldigten könnten nicht verwendet werden, da sie aus Furcht vor der Folter gemacht worden seien. Dabei wurde damals noch die Folter in Frankfurt als ein durchaus zulässiges Mittel angesehen, auch ist im Falle der Brand von der Anwendung nie die Rede gewesen. Vor allem aber weist Dr. Schaaf darauf hin, wie sehr die Verhaftete ihre Tat bereue, nicht eine lasterhafte Person sei zu verurteilen, eine Unglückliche stehe vor Gericht.

Diese Verteidigungsschrift macht auf den Rat wenig Eindruck. Die Ratssyndici haben in ihren Gutachten sich in völliger Einhelligkeit dahin vernehmen lassen, hier liege ein völlig eindeutiger Fall von Kindestötung vor, und nach den Tatumständen bestehe auch nicht der geringste Anlaß, von der hierfür vorgesehenen Schwertstrafe abzuweichen. Der Rat hält den Fall ebenfalls für so eindeutig, daß er es für entbehrlich hält, das Rechtsgutachten einer auswärtigen Juristenfakultät einzuholen. Dies ist sonst bei Kapitalverbrechen eine feste Gewohnheit. Am 7. Januar 1772 wird vielmehr folgendes Urteil gefällt:

„In der peinlichen Untersuchungssache wider Susanna Margaretha Brandin erkennen wir Bürgermeister und Rat der kaiserlichen freien Reichsstadt Frankfurt am Main, auf vorgängige umständliche Erforschung und Untersuchung der Sache, geführte Verteidigung, vorgelegte rechtliche Syndicats-Bedenken und sorgfältige Erwägung aller

Umstände, von Recht, daß gedachte Brandin des an ihrem lebendig zur Welt gebrachten Kindes nach eigenen wiederholter Bekenntnis vorsätzlich und boshaftigerweise verübten Mordes halber nach Vorschrift der göttlichen und weltlichen Gesetze und zwar ihr zur wohlverdienten Strafe und anderen zum abscheulichen Exempel mit dem Schwert vom Leben zum Tod zu bringen sei und dieses Urteil folgsamst zu vollziehen sei.“

Am 10. Januar 1772 wird der Angeklagten das Urteil vor dem Inquisitionsamt verkündet. Susanna Margaretha Brand fällt bei diesem Spruch in Ohnmacht. Als sie wieder zu sich gekommen ist, bittet sie um Gnade für ihr junges Leben. Der Verteidiger schließt sich dieser Bitte an, meint aber, er habe in seiner Verteidigungsschrift schon alles ausgeführt, was zugunsten der Angeklagten vorzubringen sei, weitere Erklärungen könne er daher nicht abgeben, wenn er sich auch der Bitte der Angeklagten um Gnade anschließe.

Susanna Margaretha wird wieder in ihr Gefängnis gebracht, und Pfarrer Willemer spendet ihr dort Trost.

Am nächsten Tage tritt der Rat zu einer außerordentlichen Sitzung zusammen, um über das Gnadengesuch zu befinden. Es wird beschlossen, das Urteil gegen Susanna Margaretha Brand zu vollziehen, da nicht die geringste Ursache für eine Begnadigung vorhanden sei. Als Tag der Hinrichtung wird der 14. Januar 1772 bestimmt.

Inzwischen hat sich auch der Scharfrichter an den Rat gewandt. Durch den Rechtsanwalt Schlosser, Goethes Sozius in der Anwaltspraxis und späteren Schwager, läßt er in wohlgesetzter Rede bitten, man möge an seiner Stelle seinen ältesten Sohn mit der Enthauptung der Brand betrauen. Dieser Sohn sei bereits 25 Jahre alt und stehe im Amt als Scharfrichter in Groß-Gerau. Es werde ihm daher eine Verrichtung dieser Art für sein weiteres Fortkommen von Nutzen sein. Das Schreiben schließt: „Wir haben hier Beispiele von Exekutionen, die durch jüngere Leute wohl ausgeführt worden sind, und meiner Frau Bruder, Lindemeyer, hat schon in seinem sechzehnten Jahr erst eine am Hochgericht und zwei Jahr hernach, in seinem achzehnten, eine andere mit dem Schwert verrichtet, so daß viel weniger bei meinem Sohn, der bereits viel älter, stärker, sicherer und gesetzter ist, zu befürchten sein, vielmehr das Leiden der Unglücklichen durch ihn schneller und besser beendigt werden wird. In untertänigster Hoffnung einer gnädigen Willfahrung erstirbt Euer Hochadelgestrengsten Herrlichkeiten auch Fürsichtigen, Hoch- und Wohlweißheiten untertänigster Joh. Anton Hofmann, Nachrichter."

Der junge Scharfrichter Johann Heinrich Hofmann wird nun sogleich vor das Examinationsamt geladen und von dem jüngeren Bürgermeister befragt, ob er sich die Hinrichtung mit dem Schwert zutraue. Als der Gefragte dies bejaht, wird er ermahnt, die Hinrichtung genau nach Recht und Gesetz auszuführen, damit ihm, falls sie wider alles Hoffen und Erwarten mißlingen sollte, nicht große Verantwortung und Strafe zuteil werden möchte. Das Protokoll über diese makabre Unterredung schließt zuversichtlich und voller Genugtuung mit dem Vermerk: „Im übrigen ist sotaner Hofmann von großer Statur, starken Gliedmaßen und bezeigt eine große Munterkeit, so daß man sich von ihm versprechen kann, es werde von demselben die Hinrichtung der Brandin glücklich und wohl verrichtet werden."

Dem Ratsschreiber ist aufgegeben worden, Susanna Margaretha Brand von der Ablehnung des Gnadengesuchs zu unterrichten und ihr den Termin der Vollstreckung mitzuteilen. Da man aber wieder einen Zusammenbruch der Verurteilten befürchtet, wird zuvor Pfarrer Willemer unterrichtet, damit er die Verurteilte auf diese endgültige Entscheidung vorbereite. Am Nachmittag begibt sich der Stadtschreiber auf den Katharinenturm in die Wohnstube des Büttels Weine. Er trifft dort eine Wache von vier Soldaten, die er hinausschickt, nachdem die Verurteilte in Begleitung des Pfarrers Willemer hereingeführt worden ist. Der Pfarrer spricht Susanna Margaretha gut zu. Der Ratsschreiber bittet ihn ein wenig inne zu halten, damit er sich seiner unangenehmen Mission schnell entledigen kann. „Ihr habt bei Eröffnung des Todesurteils um Gnade nachgesucht", beginnt er. „Das darüber geschlossene Protokoll ist heute bei einem hochedlen und hochweisen außerordentlich versammelten Rat öffentlich verlesen worden. Zugleich ist aber auch beschlossen worden, daß es weiter aus den wohlerwogenen, Euch allzuwohl bekannten und rechtlichen Ursachen bei dem Euch schon eröffneten Todesurteil sein Verbleiben haben soll." Die Delinquentin erschrak hierüber sehr und erbleichte, faßte sich jedoch bald wieder und äußerte, sie beklage ihr junges Leben. — Wie klagt Gretchen in der Kerkerszene:

„Bin ich doch noch so jung, so jung!
Und soll schon sterben!
Schön war ich auch, und das war mein Verderben.
Nah war der Freund, nun ist er weit;
Zerrissen liegt der Kranz, die Blumen zerstreut."

Für den Tag ihres Todes bittet sich Susanna Margaretha ein weißes Kleid aus. Rührend ist die weitere Bitte der Verurteilten: Es soll eine Rechnung bei dem Schuster Wetzel bezahlt werden, die wegen neuer Schuhe noch offen geblieben ist. Schließlich bittet sie darum, Geistliche der reformierten Kirche, der sie angehört, möchten ihr das Abendmahl reichen. Dieser letztere Wunsch wird nicht erfüllt. Die etwas rüde Begründung lautet, sie habe vor kurzem das Abendmahl in der Form der evangelisch-lutherischen Kirche empfangen, und es komme ja nicht auf die Form vielmehr auf den Glauben an.

Der jüngere Bürgermeister trifft seine Anordnungen für die Hinrichtung, die wie Vorbereitungen zu einer großen Staatsaktion anmuten und geradezu protokollarische Züge tragen:

Die ganze Garnison hat unter Waffen zu treten und sich auf dem Paradeplatz zu versammeln. Allein der Sergeant Brand ist dispensiert. Einzelnen Trupps werden Sonderaufgaben zugewiesen: Die Wache auf der Hauptwache wird verstärkt. Ein Unteroffizier und zwölf Mann sollen am Katharinenturm das Andrängen des Volkes verhindern. Ein Offizier mit dreißig Mann hat die Verurteilte zum Richtplatz zu begleiten. Diesem Zug sollen sechs Mann mit Stöcken vorangehen, um die Menge auseinander zu treiben. Ein Unteroffizier und sechs Mann geben dem Scharfrichter Schutz und Geleit. Zwei Kompanien unter einem Major werden zur Absperrung des Richtplatzes beordert. Ein Unteroffizier und zwei Soldaten schließlich sollen das Blutgerüst selbst bewachen und nur die Verurteilte, den Geistlichen und den Scharfrichter hinauflassen.

Das Bauamt wird angewiesen, auf dem Paradeplatz an der Hauptwache vor dem Röhrenbrunnen, der heute noch steht, gegenüber der Katharinenkirche das Blutgerüst errichten zu lassen, einen Stuhl für die Hinrichtung zu beschaffen und einen Tragesessel bereit zu halten, falls die Verurteilte auf dem Weg zur Richtstätte zusammenbreche.

Schließlich erhält das Hospital Auftrag, die bei Hinrichtungen üblichen Speisen und Getränke bereitzustellen, einen Sarg zu besorgen und die Kleidung für die Verurteilte anzufertigen, nämlich eine weiße Haube, ein weißes Halstuch, eine weiße Leinenjacke mit schwarzen Schleifen, einen weißen Leinenrock und Handschuhe und Taschentuch in derselben Farbe. In der Hand soll die Verurteilte eine große Zitrone tragen.

Vom 11. Januar bis zum 14. Januar wird die Verurteilte ständig von vier Geistlichen, darunter zwei Pfarramtskandidaten, betreut. In der Nacht vor der Hinrichtung bleiben die beiden Kandidaten bei ihr, um sie auf das Ende vorzubereiten.

Zur Errichtung des Blutgerüstes wird die ganze Zunft der Zimmerleute aufgeboten. Alle Meister und Gesellen haben mitzumachen, damit keiner dem anderen diese anrüchige Arbeit vorwerfen kann. Am 13. Januar nachmittags marschieren diese Handwerker in Reih und Glied auf. Das Material wird auf drei Wagen hinter ihnen her gefahren. Vor der Wohnung des Stadtbaumeisters wird angetreten, und dann geht der Marsch durch das alte Bornheimer Tor (nahe der heutigen Staufermauer) über die Zeil zur Hauptwache.

Muten schon diese Vorbereitungen wie die Inszenierung eines großen Schauspiels an, so muß der Zulauf zu dem letzten Akt des Dramas ungeheuer gewesen sein. Erinnern wir uns an die Bemerkung des alten Goethe, wie er sich jener Tage erinnert: Schon der Fall als solcher hatte die Stadt in Unruhe und Bewegung versetzt. Die Exekution muß die ganze Bevölkerung, alt und jung, hoch und gering, auf die Beine gebracht haben. Sogar von auswärts war großer Zulauf zu erwarten, den man aber möglichst, um die Ordnung einigermaßen aufrecht erhalten zu können, eindämmen wollte. So bleiben am 14. Januar die Tore bis auf das Affentor geschlossen. Die Torwache hatte Befehl, nur vornehme Schaulustige einzulassen.

Auf zehn Uhr ist die Hinrichtung am 14. Januar 1772, einem Dienstag, angesetzt. Um sechs Uhr kommen an diesem Tage, angetan mit der Amtsrobe, Pfarrer Willemer und sein Amtskollege zum Katharinenturm. Der Oberst-Richter, der als Chef der Stadtbüttel und unmittelbarer Vorgesetzter des Scharfrichters die Exekution zu leiten hat, trifft gleichzeitig dort ein. Er trägt die zu solchen Anlässen übliche feierliche Robe: schwarzer Anzug, hohe Stiefel mit Sporen, roter Mantel. Auf diesem ist in silberner Einfassung das Stadtwappen mit einem weißen Adler auf goldenem Feld zu sehen. Der Oberst-Richter trägt ein großes Szepter, einen kleinen roten Stab hält er unter dem Mantel verborgen. An der Schwelle zum Katharinenturm trifft er den Stadtschreiber, den Chef der Ratskanzlei, der bei Hinrichtungen der höchste anwesende Vertreter der Obrigkeit ist. Schließlich ist auch der Scharfrichter mit seinen beiden Söhnen unter der vorgesehenen militärischen Bedeckung eingetroffen. Schauplatz des vorletzten Aktes ist wieder die Wohnstube des Büttels auf dem Katharinenturm. Die Verurteilte wird hereingeführt. Sie trägt die vorbereitete Exekutionskleidung. Der Stadtschreiber, unter dessen Würde es ist, den Scharfrichter anzusprechen, gibt dem Oberst-Richter den Befehl, diesen mit seinen Söhnen herbeizurufen. Nun verliest der Stadtschreiber nochmals das Todesurteil. Diese Verlesung hat die Bedeutung, daß damit der Stadtschreiber die Verurteilte dem Oberst-Richter als unmittelbarem Leiter der Vollstreckung übergibt. Kaum ist deshalb die Verlesung zu Ende, so zieht der Oberst-Richter den kleinen Holzstab unter dem Mantel hervor, zerbricht ihn in zwei Teile und wirft die Stücke der Verurteilten vor die Füße. „Auf Befehl eines hochedlen Rates breche ich Euch, Brandin, also hiermit den Stab und übergebe Euch dem Nachrichter Hofmann, daß er das Urteil auf vorgeschriebene Art vollziehen möge", verkündet der Oberst-Richter zu dieser Zeremonie.

Sogleich tritt nun auch der Scharfrichter hervor, der sich so lange im Hintergrund gehalten hat. Er ergreift Susanna Margaretha Brand bei der Hand und spricht einige Worte zu ihr, die der Stadtschreiber, dessen Bericht ich hier folge, nicht verstanden hat. Der Scharfrichter entfernt sich nun wieder. Die Verurteilte wird in Begleitung der Pfarramtskandidaten in das Armsünderstübchen nahe der Treppe des Turmes geführt. Dort bleibt sie bis zu ihrem letzten Gang. In der Wohnstube wird indes eine üppige Henkersmahlzeit aufgetragen: 10 Pfund Rindfleisch, 6 Pfund gebackene Karpfen, 12 Pfund gespickter Kalbsbraten, eine Schüssel Bratwürste, große Mengen Schwarz- und Weißbrot. Dazu gibt es achteinhalb Maß alten Weines, Jahrgang 1748. Zu Tisch sitzen der Stadtschreiber, die beiden Pfarrer Willemer und Zeitmann, der Oberst-Richter und zwei Einspännige. Begreiflicherweise will sich kein rechter Appetit einstellen. Der Stadtschreiber ißt nichts, die Pfarrer und der Oberst-Richter wenig, nur den beiden Einspännigen schmeckt alles. Viel bleibt für die Stadtbüttel übrig. Der Verurteilten wird von jeder Speise angeboten, sie bittet aber nur um ein Glas Wasser. Auch an die anderen Anwesenden wird gedacht, allerdings mit bescheidenerer Labung: Die Kandidaten erhalten einen Schoppen Wein und zwei Milchbrote, die Büttel ein Maß Wein und Schwarzbrot, und die Wache, welche während der ganzen Nacht Dienst getan, wird mit reichlich Bier, Brot und Edamer Käse traktiert. So vergeht die Zeit bis neun Uhr. Auf Befehl des Oberst-Richters schlägt von da an der Stöcker alle Viertelstunde die Armsünderglocke. Es ist dies die Meßglocke, die sonst nur Freitags einmal geschlagen wird. Um halb zehn Uhr wird die Verurteilte hinausgeführt und an der Stiege von dem Stöcker und seinem Knecht gefesselt. Hiervor hatte sie sich immer besonders gefürchtet. An der Pforte des Turmes nehmen die Henkersknechte Susanna Margaretha Brand in Empfang.

Kehren diese Szenen nicht eindrucksvoller als jede Beschreibung es sein kann, in den folgenden kurzen Versen des Faust wieder:

Die Menge drängt sich, man hört sie nicht.
Der Platz die Gassen
Können sie nicht fassen.
Die Glocke ruft, das Stäbchen bricht.
Wie sie mich binden und packen!
Zum Blutstuhl bin ich schon entrückt.
Schon zuckt nach jedem Nacken
Die Schärfe, die nach meinem zückt.
Stumm liegt die Welt wie das Grab!

Oberst-Richter und Einspännige besteigen die Pferde und führen den traurigen Zug zur Richtstätte an. Die Verurteilte betet und singt mit den Geistlichen, das Volk gafft. Mühsam bahnt sich der Zug den Weg durch die Menge, um zehn Uhr ist das Blutgerüst erreicht. Susanna Margaretha Brand besteigt es mit den Geistlichen. Der Scharfrichter führt sie an den Stuhl, setzt sie nieder, entblößt Kopf und Hals und bindet die Delinquentin am Stuhl fest. Dann vollführt der Scharfrichtersohn sein trauriges Meisterstück, beugt das Schwert darauf und grüßt damit den Oberst-Richter als Vertreter des Rats und fragt, ob er das ihm Befohlene ausgerichtet habe. Ihm wird Bescheid: „Er hat sein Amt wohl verrichtet und getan, was Gott und die Obrigkeit befohlen hat."

Der Oberst-Richter begibt sich zum Römer, um dem Rat Bericht zu erstatten. Der Scharfrichter geht mit seinen Söhnen unter Bedeckung der vorgesehenen Eskorte nach Hause. Ihm werden zehn Pfund Kalbsbraten und zwölf Pfund Rindfleisch nebst Brühe, Topf und Bratpfanne geschickt. Das Blutgerüst wird er am Abend abbrechen und das Holz zu sich auf den Hof bringen lassen.

Als sich die Menge verlaufen hat, legen die Henkersknechte die Leiche in den bereitgestellten ungehobelten Sarg, um ihn auf einem Schinderkarren zum Gutleutfriedhof zu bringen. Unterwegs aber öffnen sie den Sarg auf Drängen der Leute noch mehrmals, um die Leiche für Geld zu zeigen. So endet die Frankfurter Gretchen-Tragödie des Jahres 1772. Bald darauf schreibt Goethe den Urfaust.

Nachwort

Das Strafrecht, das uns in diesem Buche begegnet, erscheint uns mit seinen Strafen und Untersuchungsmethoden mittelalterlich grausam, ja oft barbarisch und ungerecht. Trotzdem gehört es nicht dem Mittelalter an und steht in wesentlichen Prinzipien der Neuzeit näher als dem Mittelalter. Blieb es im Mittelalter oft dem Verletzten selbst vorbehalten, den Rechtsbruch durch Rache oder Fehde zu sühnen, so ist es hier schon Sache der Obrigkeit, Verbrechen zu untersuchen, aufzuklären und zu bestrafen. Stand im Mittelalter der Formalbeweis wie etwa der Reinigungseid, das Gottesurteil oder der Zweikampf als Beweismittel zur Verfügung, so gingen jetzt die Ermittlungen dahin, die tatsächlichen Umstände eines Vergehens mit Mitteln zu untersuchen und aufzuklären, die — jedenfalls nach der Auffassung der Zeit — geeignet waren, die wirkliche Wahrheit und den wirklichen Tathergang dem Gericht zur Kenntnis zu bringen. Konnte schließlich der Rechtsbrecher im Mittelalter auch bei so schweren Delikten wie etwa Totschlag die Tat durch eine Bußzahlung sühnen, so trat nun die eigentliche Strafe an die Stelle jener der zivilrechtlichen Schadensersatzleistung nahestehenden Buße.

Die neuen Prinzipien des Strafrechtes haben sich unter Anknüpfung an frühere Einrichtungen gegen Ende des Mittelalters mehr und mehr durchgesetzt. Das Strafrecht des Mittelalters mit Reinigungseid und Zweikampf, mit Buße und Fehde war Ausdruck einer festen und verbindlichen Ordnung religiöser und gesellschaftlicher Formen. Ritterliche Ideale spielten auch hier eine tragende Rolle. Mit dem Verfall und der Entartung dieser Lebensformen mußten sich als Gegenwirkung auch die Grundsätze des Strafrechts ändern.

Im späteren Mittelalter ist der Ritterstand einer tiefgreifenden sozialen Umschichtung unterworfen. Einst war er Träger der mittelalterlichen Kultur. Änderungen in der Wirtschaftsstruktur und im Kriegswesen drängen ihn nun in den Hintergrund. Ohne sinnvolle Aufgabe, unzufrieden mit seiner Stellung, neidisch auf das emporkommende Bürgertum, dafür aber überzeugt von seinem Wert, seinem Stand, seiner Ehre, wird der Ritterstand zu einer Gefahr für die neuen Mächte, insbesondere für die Reichsstädte. Das Mit- und Gegeneinander dieser Kräfte hat auch die Entwicklung des Strafrechtes geprägt. Freilich behauptet sich Althergebrachtes noch lange Zeit. Mittelalterliche Rechtsbräuche wie Reinigungseid,Totschlagsbuße oder Gottesurteile ragen auch noch in die beginnende Neuzeit hinein.

Der Ritter des Mittelalters hatte das Recht zur Fehde. Je mehr aber der Ritterstand verfiel, umso mehr wurde dieses Recht zu Raubzügen aller Art vorgeschützt. Das Fehderecht war der Boden, auf dem sich das Raubrittertum und damit ein gefährliches Großverbrechertum ausbreiten konnte. Zunächst bemühte sich die Geistlichkeit, die Fehden durch Friedenseinungen zeitlich oder räumlich zu begrenzen. Diese Gottesfrieden wurden von Heinrich IV. auf das ganze Reich ausgedehnt. Damit war aus den Gottesfrieden die Landfriedensbewegung hervorgegangen. Die Landfrieden hatten zunächst ebenfalls das Ziel, das ritterliche Fehdewesen einzuschränken. Je mehr aber die Fehden zu gemeinen Räubereien entarteten, umso mehr nahmen die Landfrieden den Charakter von Strafgesetzen an. So wird es seit der Mitte des 13. Jahrhunderts Anliegen der Landfriedensgesetze, die Strafverfolgung zu sichern.

Eine Besserung der in der kaiserlosen, der schrecklichen Zeit eingerissenen Zustände wurde zwar durch das energische Vorgehen Rudolfs von Habsburg gegen die Raubritter vorübergehend erreicht, aber nach dem Tode des Kaisers lebte das Raubrittertum wieder auf. Wie gefährlich diese Entartung des Rittertums war, kann man ermessen, wenn man bedenkt, daß die fehdelustigen Herren für jegliches lichtscheues Gesindel beliebte Dienstherren und Auftraggeber wurden.

Am 22. Juni 1317 schließen Städte, unter denen sich auch Frankfurt befindet, mit Ludwig dem Bayern ein Schutzbündnis, um sich der dauernden Übergriffe zu erwehren. Bezeichnend für die Unsicherheit der Lage und die Machtlosigkeit der staatlichen Gewalt ist die Bestimmung des Bacheracher Landfriedens, die vorsieht, daß ein Landesherr, der nicht in der Lage ist, der Friedensbrecher Herr zu werden, von den benachbarten Städten und Fürsten unterstützt werden soll.

Hatte sich der Gedanke durchgesetzt, daß gefährliches Verbrechertum nur durch die Zusammenfassung staatlicher Machtmittel bekämpft werden könne, so mußte die Verbrechensverfolgung Aufgabe der Obrigkeit werden. Frankfurt hatte sich den Friedenseinigungen zur Bekämpfung mächtiger Friedensbrecher angeschlossen, so mußte dieser Umstand für die Handhabung der Strafgewalt in der Stadt selbst auch bedeutsame Folgen haben. Seit der Rat an der Spitze des Gemeinwesens stand, mußte er auch diesen Zweig obrigkeitlicher Tätigkeit als seine Aufgabe ansehen. So trat er mit seiner Blutgerichtsbarkeit neben das alte Schöffengericht und das geistliche Synodalgericht. Als Stadtherr hat sich der Rat aus den Notwendigkeiten des Tages zunächst die Strafgewalt selbst angemaßt. Was zunächst Willkür sein mochte, wurde durch jahrelange Übung althergebrachtes Recht.

Gerade Frankfurt bietet für diese Entwicklung in den Städten einen schönen Beweis: Am 11. Mai 1360 verlieh Kaiser Karl IV. der Stadt Ulm das Recht, Übeltäter zu bestrafen, und zwar sollte dem Rat von Ulm dieses Recht in dem Umfange zustehen wie das gleiche den Bürgern von Frankfurt zuvor verliehene Recht. Verständlicherweise wandte sich darauf der Rat von Ulm an den Rat von Frankfurt, um sich über Art, Umfang und Gepflogenheiten der Frankfurter Blutgerichtsbarkeit zu unterrichten. Da kamen nun die Frankfurter Herren in arge Verlegenheit und mußten bekennen:

„Wir lassen Eure Weisheiten in Heimlichkeit wissen, daß

wir keine Freiheitsbriefe haben, die besonders ausweisen, wie wir Übeltäter richten sollen. Des Reichs, Gerichts und unser des Rates Recht und Herkommen ist aber also, daß wir Übeltäter, die wir ergreifen, so richten, wie es sich nach der Übeltat, die sie begangen haben, gehört. Besagt die Übeltat, daß es sich um einen Mörder handelt, mit dem Rad, einen Räuber mit dem Schwert, einen Dieb zum Galgen, einen Fälscher zum Kessel, einen Nachtbrenner und einen Ketzer zum Feuer und bei anderen Übeltaten wie es sich für jede Übeltat gebührt nach Erkenntnis der Mehrheit unseres Rates.

Und wir bitten Euch, daß ihr dies in Rates Weise und heimlich bei Euch lasset, wie wir Eurer Weisheit wohl zutrauen."

Dieser Brief ist das kürzeste Strafgesetzbuch, das ich kennengelernt habe. Zugleich zeigt er aber bereits die Strafen, die bis in das 17. Jahrhundert hinein und zum Teil auch noch später üblich blieben.

Diese Entwicklung ist an dem alten und hochangesehenen Schöffengericht der Stadt, das zugleich Oberhof für viele auswärtige Gerichte war, vorbeigegangen. Gerade die Traditionsgebundenheit des „Reichsgerichts" stand der Entwicklung neuer Prozeßformen entgegen. Nur für besondere Fälle von Totschlag, bei denen die Schuld des Täters zweifelhaft sein konnte, behielt es seine Zuständigkeit. In solchen Fällen kam es zu dem in krassem Gegensatz zu den sonstigen Gepflogenheiten stehenden förmlichen und langwierigen Parteiprozeß, in welchem unter Umständen auch der Oberstrichter als öffentlicher Ankläger auftrat. Diese Prozeßform ist uns im Falle des Ritters Veit Ulrich von Thüngen begegnet. Das Schöffengericht blieb seinem Wesen nach Zivilgericht.

Der durch keinerlei Gerichtstradition in Strafsachen mit der Vergangenheit verbundene Rat hat seit Beginn seines Wirkens als Strafgericht das Inquisitionsverfahren am klarsten ausgebildet. Seine Praxis zeigt, soweit die Quellen reichen, daß der Angeklagte nicht mehr Partei ist, vielmehr Objekt der obrigkeitlichen Ermittlungen. Das Verfahren dient der Erforschung der Wahrheit und der schleunigen Überführung und Aburteilung des Beschuldigten. Der Erreichung dieses Zweckes diente vor allem die Folter. Schon in der zweiten Hälfte des 14. Jahrhunderts ist in Frankfurt gefoltert worden. Um die Wende des 14. Jahrhunderts sind schon die typischen Folterpraktiken entwickelt, und seit dem 15. Jahrhundert entsprechen sie ständiger Übung.

Damit war in Frankfurt gegen Ende des 13. Jahrhunderts ein Strafrecht ausgebildet worden, das sich in seiner Grundstruktur bis zum Ende der reichsstädtischen Zeit (1806) erhalten hat.

Wir haben dieses Verfahren in den Fällen unseres Buches kennengelernt, das hier noch einmal in seinem Ablauf kurz skizziert werden soll: Werden Anzeichen festgestellt, daß ein Verbrechen verübt worden ist, so wird das generalinquisitorische Verfahren eingeleitet. Hierdurch sollen die näheren Tatumstände festgestellt und Verdächtige ermittelt werden. Es werden Zeugen vernommen, Indizien geprüft, auswärtige Gerichte angeschrieben, Verdächtige festgenommen. Das Ergebnis dieser Ermittlungen muß den Übergang zum spezialinquisitorischen Verfahren rechtfertigen. Dieses Verfahren beinhaltet die Fortsetzung der Ermittlungen gegen einen Verdächtigen, um diesen zu überführen. Mit anderen Worten, das generalinquisitorische Verfahren mußte so starke Verdachtsmomente gegen einen Beschuldigten ergeben, daß man in der Spezialinquisition mit der Folter gegen ihn vorgehen konnte.

In diesem Zusammenhang ist besonders der peinlichen Halsgerichtsordnung Karls V., der Carolina, des Jahres 1532 zu gedenken. Nach diesem bedeutenden Gesetz hat sich auch die Strafpraxis des Rates gerichtet. Die Carolina ist bemüht, möglichst genau zu umschreiben, wann eine „genugsame Anzeigung", das heißt ein ausreichender Tatverdacht vorhanden ist, der zur Anwendung der Folter berechtigt. Hierdurch sollten willkürliche Folterungen eingeschränkt oder ganz verhindert werden. Auf der Grundlage dieses Gesetzes hat die gemeinrechtliche Strafrechtswissenschaft die Lehre vom „corpus delicti" entwickelt. Mit dieser Lehre wurden für jedes Verbrechen diejenigen nachzuweisenden Tatumstände und Verdachtsmomente herausgearbeitet, die gegeben sein mußten, um die Anwendung der Folter zu rechtfertigen. Waren in einem Strafverfahren die Ermittlungen so weit gediehen, daß man zur Folterung des Beschuldigten schreiten wollte, so arbeiteten die Ratsjuristen die Fragstücke aus. Diese erinnern an die Beweisbeschlüsse unserer Zivilgerichte und enthielten genau die Punkte, über die der Beschuldigte auf der Folter zu befragen war, und nur über diese war er zu befragen. Solche Fragstücke hatten etwa den Inhalt, den das folgende Beispiel zeigt:

„Interrogatoria contra Hans Herr von Sulzbach.

1. Wie es mit dem begangenen Diebstahl, den er nämlich gestanden, eigentlich beschaffen sei, ob er nicht etwa dazu gebrochen oder gestiegen?
2. Ob er nicht dergleichen vormals mehr begangen?
3. Ob er nicht wisse, daß einstmals bei Nacht in Georg von Heyns Haus gebrochen und etliche Sachen gestohlen worden? Was es gewesen?
4. Ob er es nicht selbst getan und deswegen von Georg von Heyn angeredet und bezichtigt worden?

. . . .

8. Ob er nicht Diebschlüssel bei sich gehabt habe, ob, wann und wo er sie gebraucht?
9. Ob nicht das vorliegende Messer und die Schlüssel ihm seien und wo er sie bekommen?"

Im 18. Jahrhundert bedurfte es zur Anwendung der Folter eines förmlichen Beschlusses, der diese Fragen und die anzuwendenden Grade der Folter zu bestimmen hatte. Dieser Beschluß mußte dem Beschuldigten verkündet werden, wobei nur die Grade der Folter nicht zu nennen waren. Die Folter selbst bestand aus zwei bis drei Graden, nämlich der Androhung, der Vorlegung und Erklärung der Instrumente und als drittem Grad der eigentlichen Tortur.

Hatte man dem Beschuldigten ein Geständnis entrissen, so fällte der Rat sein Urteil. Stand ein Todesurteil zu erwarten, so mußte die Beschlußfassung mit „aufgesteckten Fahnen" erfolgen. Solange die Fahnen aufgesteckt waren, durfte kein Ratsmitglied die Sitzung verlassen, um sich etwa der Verantwortung für den Urteilsspruch zu entziehen. Die Strafvollstreckung selbst haben wir in den Fällen des Buches zur Genüge kennengelernt.

Es hat nun den Anschein, als sei mit der Ausbildung dieses Strafrechts für Jahrhunderte ein völlig starres Strafverfahren und Strafsystem in Vollzug gesetzt worden, das jeder Menschlichkeit bar war und in seiner Starrheit jeder Humanisierung entgegenstand. Dies trifft aber nur bedingt zu. Das Strafverfahren und das System der Strafen änderten sich nicht, aber sie wurden im Laufe der Zeit humaner. Diese Humanisierung schritt schließlich soweit fort, daß dieses Strafrecht sich selbst überlebte und fast ein Vakuum eintrat. Die vorgesehenen Todesstrafen und die Körperstrafen wurden nur noch ganz selten verhängt, und andere angemessene Strafen wie etwa Freiheitsstrafen standen dem Gericht nicht zur Verfügung. Zunächst brachte die Carolina, die an dem System selbst nichts änderte, wichtige Neuerungen. Das Gesetz mißtraute der Einsicht und Vorsicht der Richter und verwies deshalb die Gerichte in Zweifelsfällen an den Rat der Rechtsverständigen. Hierzu entwikkelte sich der Brauch, die Akten an juristische Fakultäten der Universitäten zu versenden, um deren Gutachten einzuholen. Diese Übung barg die Gefahr einer Entscheidung vom grünen Tisch her in sich und räumte den Fakultäten fast die Stellung von Revisionsinstanzen ein, trug aber auf der anderen Seite zur wissenschaftlichen Entwicklung der Strafrechtslehre bei.

Auch in Frankfurt ist diese Aktenversendung in beträcht-

Statt verschworen

Hannß Steitz von Kleinenweißstatt : Ist demnach
zur hafft kommen, Dieweil Er Wiepfer[?] Judas[?]
von Neustatten, Uf der offenen strassen mörderischer
weiß angegriffen, Unnd Viel verwundet, Darumb
dann Der Rechtgelerten, Unnd Advocaten guett
bedunckhen eingeholt worden, Wie bey den
actis zufinden, Daran wider erledigt worden
Unnd hat die Statt Unnd Eines Erb. Rhats
gebiete, auch bey Ulerich[?] Meiden[?] [illegible]
nit zukommen, bey straff an Leib [illegible] Ver-
schworen. Actum den 26. Julii Anno 1610.

Halßeisen

Wendel Schreiner v. St. Leon Speirer Bisthumbs, Ist
demnach zur hafft kommen, Dieweil Er
Zwey[?] Hembdt gestolen Unnd mit dem Letzten[?]
alhier betretten worden, Darum wider er-
ledigt, Unnd In das Halßeisen gestellt worden,
hat die Statt Unnd Eines Erb. Rhats gebiete,
doch nit bey Leibesstraff verschworen /
Actum den 11. Augusti Anno 1610.

Christian Weber von Wirstatt : Ist seines viel-
faltigen begangnen Diebstals halben zur hafft
kommen, Unnd, dieweil Er dann nit in allein
sondern vieler geständig gewesen, hat Er dato
andern zum Abscheulichen Exempel mit dem
Strang vom Leben zum todt hingerichtet worden.
Actum den 15. Augusti Anno 1610.

Lienhard Kramer Burger Unnd taglöhner, Ist
darumb zur hafft kommen Weil er einem
seinem Bruder[?], zu Durlach[?] ein ledige
tochter genommen, Daran wider erledigt
Und nach Rhat der Advocaten, hat Er dato mit
ruthen außgehauen worden, hat die Statt Unnd
eines Erb. Rhats gebiete verschworen. Actum
den 23. Februarii Anno 1611.

Stadt verschworen Hans Stein aus Kleinwalstadt ist deswegen verhaftet worden, weil er den Juden Hirsch aus Neustadt an einer Straße mörderischer Weise angegriffen und schwer verwundet hat. Deshalb ist der Rechtsgelehrten und Advokaten Gutachten eingeholt worden, wie bei den Akten befindlich. [Aus der Haft ist er] wieder entlassen worden und hat die Stadt und eines Ehrbaren Rats Gebiet bei Strafe des Ertränkens [mit der Maßgabe] verschworen, auch etliche Meilen Weges daneben nicht zu kommen. Vollzogen den 26. Juli 1610.

Halseisen Wendel Schreiner aus St. Leon im Bistum Speyer ist deswegen verhaftet worden, weil er zwei Pferde gestohlen hat und mit dem letzteren [davon] hier angetroffen worden ist. [Aus der Haft ist er] wieder entlassen und in das Halseisen gestellt worden und hat die Stadt und eines Ehrbaren Rats Gebiet jedoch nicht bei Strafe des Ertränkens verschworen. Vollzogen den 11. August 1610.

Galgen Christmann Weber aus Wirstadt [Wörrstadt?] ist zahlreich begangener Diebstähle wegen verhaftet worden, und weil er diese nicht in Abrede [stellen konnte], sondern in vielen [Fällen] geständig gewesen [ist, ist er] heute anderen zum abschreckenden Beispiel mit dem Strang vom Leben zum Tode hingerichtet worden. Vollzogen den 17. August 1610.

Ruten Andreas Renner, Bürger und Tagelöhner, ist deshalb verhaftet worden, weil er neben seiner Frau zu Dinkelsbühl eine ledige Tochter [Dirne] genommen hat. [Renner ist aus der Haft] wieder entlassen [worden] und nach dem Rat der Advokaten heute mit Ruten ausgehauen worden [und] hat die Stadt und eines Ehrbaren Rates Gebiet verschworen. Vollzogen den 23. Februar 1611.

Übertragung einer Seite aus dem Strafenbuch, das im Frankfurter Stadtarchiv aufbewahrt wird. Es ist das amtliche Verzeichnis der in Frankfurt von 1562 bis 1696 vollzogenen Strafen. Ein älteres Strafenbuch, welches die Zeit von 1407 bis 1565 umfaßte, ist verloren gegangen.

lichem Umfang geübt worden. Dies spricht für die Vorsicht des Rates als Strafgericht, denn immerhin waren in der Regel zahlreiche Ratsmitglieder studierte Juristen, und darüber hinaus zog der Rat regelmäßig in Strafsachen die Rechtsgutachten der Ratssyndici bei.

Obwohl im Strafverfahren und im System der peinlichen Strafen über Jahrhunderte keine Reform stattfand, wurde die Handhabung dieses starren Systems humaner. Dieser Prozeß der langsamen Humanisierung setzt bereits gegen Ende des 16. Jahrhunderts ein. Am Beispiel der Diebstahlsstrafe läßt sich dies recht genau erkennen: Vom Jahre 1562 bis zum Jahre 1620 wurden wegen dieses Deliktes in Frankfurt 162 Personen hingerichtet, in der um zwölf Jahre längeren Zeitspanne von 1620 bis 1690 dagegen nur noch 23 Personen, obwohl die Zahl der Diebstähle sicher nicht abgenommen hat. Qualifizierte Todesstrafen kamen bereits im 17. Jahrhundert außer Gebrauch oder wurden gemildert. So ist die scheußliche Radestrafe, soweit ich es übersehen kann, mit einer Ausname bereits seit der ersten Hälfte des 17. Jahrhunderts nicht mehr vollzogen worden. Hier sind die Frankfurter besonders human gewesen, wenn man bedenkt, daß diese Strafe noch im Jahre 1827 in Göttingen einmal zugleich mit dem Schleifen zur Richtstätte vollzogen worden ist. Die unglaubliche Strafe des Lebendigbegrabens und Pfählens ist in Frankfurt auf zwei Fälle beschränkt, sie kam auch seit dem 17. Jahrhundert nicht mehr vor.

Die bis zum Ende des 16. Jahrhunderts geradezu typische Todesstrafe für Frauen, das Ertränken im Main, wurde bereits in den ersten Jahrzehnten des 17. Jahrhunderts durch die mildere Schwertstrafe ersetzt. In einer Zeit, da Hunderte von unschuldigen Menschen als Hexen und Zauberer in Deutschland unter entsetzlichen Qualen bei lebendigem Leibe verbrannt wurden, verhängte der Rat diese Strafe nur in ganz wenigen Fällen bei widernatürlicher Unzucht, Falschmünzerei und Brandstiftung. Aber auch in diesen wenigen Fällen sind die unglücklichen Opfer dieser Justiz seit Ende des 16. Jahrhunderts nicht mehr lebendig verbrannt worden: Auf dem Scheiterhaufen wurde eine Hütte aus Stroh und Reisig errichtet, und in dieser wurde der Delinquent kurz vor Entzündung des Scheiterhaufens vom Scharfrichter heimlich erdrosselt, was immerhin humaner war als der Flammentod.

Im 18. Jahrhundert wurden Todesstrafen überhaupt recht selten. Ich schätze, daß in der Zeit von 1750 bis 1800 nur etwa fünf Todesstrafen vollzogen worden sind. Selbst wenn man die größere Einwohnerzahl der Stadt zugrunde legt, so muß man die Strafjustiz dieser Zeit für humaner halten als diejenige der ersten fünfzig Jahre unseres Jahrhunderts. Zu einer Änderung des Systems der Strafen ist es in Frankfurt aber, wie schon erwähnt, nicht gekommen.

Ausgehend von den Niederlanden setzte im 17. Jahrhundert eine Änderung dieses Systems der Strafen in Deutschland ein: Die Freiheits- und Zwangsarbeitsstrafen kamen auf. Minder schwere Delikte wurden mit dieser Strafe belegt. Zu Einrichtungen wie Gefängnis und Arbeitshaus hat es aber die Reichsstadt Frankfurt selbst im 18. Jahrhundert nicht gebracht. Daß in Frankfurt in einigen Fällen Arbeitsstrafen, ja sogar einmal kurioserweise die Galeerenstrafe, verhängt wurden, blieb eine Ausnahme. Der Rat war zwar einigermaßen human bei der Ausübung seiner Strafgewalt, aber wenig reformfreudig. Dies zeigt sich auch daran, daß er es auch in der zweiten Hälfte des 18. Jahrhunderts nicht über sich brachte, die Folter abzuschaffen. Freilich blieb die Folter in jener Zeit mehr ein psychisches Druckmittel, als daß man Verdächtige tatsächlich der Tortur unterworfen hätte.

Im 18. Jahrhundert kam man dann endlich aber wenigstens dahin, dem Angeklagten einen Verteidiger zu gönnen, den er sich selbst aus dem Kreise der in Frankfurt zugelassenen Anwälte wählen konnte. Der Verteidiger hatte Gelegenheit, den Angeklagten in der Haft zu sprechen. Er bekam nach Abschluß der Ermittlungen die Akten zur Anfertigung einer Verteidigungsschrift ausgehändigt, denn eine öffentliche Hauptverhandlung fand auch in jenen Zeiten noch nicht statt, das Verfahren war schriftlich und geheim im Gegensatz zu den heutigen mündlichen und öffentlichen Hauptverhandlungen. Allenfalls bei der Urteilsverkündung konnte der Anwalt mündlich plädieren.

An den Verteidigern hatte der Rat freilich wenig Freude. Über seinen Kummer gibt ein Ratsdekret aus dem Jahre 1737 Auskunft. Darin wird gerügt, daß die Herren Verteidiger mit der Ausführung ihrer Verteidigungsschrift ein, zwei oder gar drei Monate zubringen, dadurch die Untersuchungshaft ihres Mandanten überflüssigerweise verlängerten und schließlich die lange Dauer der Haft als Milderungsgrund anführten. Es wird weiter beklagt, daß die Verteidiger ihre „Producta mit vielen unrichtigen, übel applizierten und trivialischen allegatis juris anfüllen und dadurch die Zahl der Bögen ohne Not vermehren". Schließlich wird den Verteidigern vorgeworfen, daß sie die Angaben der Beschuldigten für unwiderlegbare Wahrheiten ausgeben und das Ergebnis der Ermittlungen verdrehen, kurz die Kriminal- und Inquisitionsprozesse zu verzögern und in unnötige Weitläufigkeiten zu verwickeln suchen. Hatte der Verteidiger seine Verteidigungsschrift eingereicht, so erstatteten die Ratssyndici ihre schriftlichen Gutachten, wobei der dienstjüngste Syndikus zuerst zu votieren hatte. Hierauf fällte der Rat das Urteil, wenn er nicht zuvor die Versendung der Akten anordnete. Das Urteil wurde in jenen späteren Zeiten dem Angeklagten alsbald unter Zuziehung des Verteidigers auf dem Römer durch den jüngeren Bürgermeister verkündet. Auch dies stellte eine Milderung des noch im 17. Jahrhundert geübten Verfahrens dar, denn in jenen früheren Zeiten wurde das Urteil ja bekanntlich erst kurz vor seiner Vollstreckung dem Verurteilten durch den Oberstrichter angezeigt. Die nochmalige Urteilsverkündung durch den Oberstrichter vor dem Vollzuge wurde allerdings beibehalten. War der Rat der Stadt Frankfurt als Strafgericht auch befangen in den Vorurteilen seiner Zeit, hat er sich nicht zu den notwendigen Reformen aufraffen können und gelegentlich sich auch von seinen Standesinteressen leiten lassen, so hat er sich doch bemüht, nach der Mahnung der Carolina zu handeln, nämlich „die Straff nach Gelegenheyt und Ergernuss der Übelthatt, auß Lieb der Gerechtigkeyt, und umb gemeynes Nutz willen zu ordnen und zu machen".

Quellen- und Literaturverzeichnis

Bei folgenden Quellen handelt es sich um Handschriften des Stadtarchivs Frankfurt: Strafenbuch, Ratsprotokolle, Bürgermeisterbücher und Criminalia.

Der fahrende Schüler (9)

Lersner, Chronica, Bd. I, S. 494/95. Strafenbuch, S. 11a. Ratsprotokolle 1569, S. 68, 69b. Bürgermeisterbuch 1569, S. 144b, 145b, 147b, 148a, 151b, 153b.

Der Raubmörder Dossenheimer (15)

Bürgermeisterbuch 1584, S. 84a, 101b, 103a, 108, 145, 156a. Strafenbuch, S. 33b.

Freitag der Dreizehnte (20)

Strafenbuch, S. 48a/1. Bürgermeisterbuch 1589, S. 199, 205, 208, 209.

Die Deutschen Herren (25)

Strafenbuch, S. 54a. Ratsprotokolle 1592, S. 44, 50b; dgl. 1593, S. 20b. Bürgermeisterbuch 1592, S. 113b; dgl. 1593, S. 51b.

Hinter Schloß und Riegel (29)

Lersner, Chronica. Strafenbuch, S. 82b.

Meisterdiebs letztes Abenteuer (33)

Lersner, Chronica, S. 559. Strafenbuch, erste Seiten und S. 94a. Criminalia 1614.

Der Ritter (38)

Lersner, Chronica, S. 498 ff. Orth, Philipp: „Anmerkungen über die sogenannte erneuerte Reformation der Stadt Frankfurt am Main“, Bd. IV, S. 831 (Frankfurt 1751). Strafenbuch, S. 112b. Bürgermeisterbuch 1616, S. 209b, 210b; dgl. 1617, S. 87; dgl. 1618, S. 64b, 101, 111b.

Das Recht des Stärkeren (46)
Strafenbuch, S. 125a. Criminalia 1625, Nr. 5.

Der Hidalgo und die Mainschiffer (51)
Strafenbuch, S. 127a. Criminalia 1626, Nr. 1.

Das Doppelleben des Barthel Grünich (56)
Strafenbuch, S. 139b/1. Criminalia 1637, Nr. 10.

Hexenspuk (72)
Eschenröder: „Hexenwahn und Hexenprozeß in Frankfurt a. M." (Frankfurt 1932). Soldan/Heppe: „Geschichte der Hexenprozesse" (München 1912). Criminalia 1670.

Die Brandzeichen (78)
Bürgermeisterbuch 1673, S. 61, 73, 73b, 76b, 79b, 96a, 97b, 99b. Strafenbuch, S. 179b.

Heinrich Frank der Psychopath (85)
Strafenbuch, S. 185b.

Falschmünzer (90)
Gustav Freytag: „Bilder aus deutscher Vergangenheit"; „Die Kipper und Wipper". Ratsprotokolle 1676, S. 51; dgl. 1677, S. 5, 6, 7, 9. Bürgermeisterbuch 1677, S. 31b. Criminalia 1676, Nr. 2. Strafenbuch, S. 189b/2.

Erfolgreicher Protest (97)
Strafenbuch, S. 195a.

Das alte Lied (100)
Kriegk: „Deutsche Kulturbilder aus dem 18. Jahrhundert", S. 11 ff. (Leipzig 1874).

Der Zuckerbäcker und die Weltpolitik (106)
Kriegk: „Kulturbilder" a. a. O., S. 1 ff.

Der Sohn des Scharfrichters und die Ärzte (111)

Keller: „Der Scharfrichter in der deutschen Kulturgeschichte“ (Bonn 1921). Kriegk: „Deutsches Bürgertum im Mittelalter“ (Frankfurt 1868). Lersner: „Der weltberühmten Freyen Reichs-, Wahl- und Handelsstadt Franckfurt am Mayn Chronica“ (Frankfurt 1706). Rau: „Beiträge zum Kriminalrecht der freien Reichsstadt Frankfurt am Main im Mittelalter bis 1532“ (Potsdam 1916). Gedruckte Akten des Prozesses Dr. Hofmann im Frankfurter Stadtarchiv.

Die Frankfurter Gretchen-Tragödie (126)

Criminalia 1771, Nr. 63. Beutler: „Essays um Goethe“ (Bremen 1957).

Nachwort (145)

Meinhardt: „Das peinliche Strafrecht der freien Reichsstadt Frankfurt am Main im Spiegel der Strafpraxis des 16. und 17. Jahrhunderts“ (Frankfurt 1957). Orth: „Anmerkungen zur Frankfurter Reformation“ a. a. O. Rau: „Beiträge zum Kriminalrecht“ a. a. O. Schmidt: „Einführung in die Geschichte der deutschen Strafrechtspflege“ (Göttingen 1947). Thomas: „Der Oberhof zu Frankfurt am Main und das fränkische Recht“ (Frankfurt 1841). Vogt: „Die Anfänge des Inquisitionsprozesses in Frankfurt am Main. Zeitschrift der Savigny-Stiftung, Bd. 68, S. 234 ff.